D1062754

DIARIO ESPIRITUAL

Un pensamiento inspirador
para cada día del año

Paramahansa Yogananda
y otros autores

Self-Realization Fellowship
FOUNDED 1920
Paramahansa Yogananda

Título de la obra original en inglés publicada por
Self-Realization Fellowship, Los Angeles, California:

Spiritual Diary

ISBN 0-87612-021-4 (rústica)

Traducción al español: *Self-Realization Fellowship*
Copyright © 2005 *Self-Realization Fellowship*.
Todos los derechos reservados.

A excepción de breves citas en reseñas bibliográficas o en otra forma
autorizada por la ley, ninguna porción de la edición en español de
«Diario espiritual» *(Spiritual Diary)* puede ser reproducida, almacena-
da, transmitida o difundida en forma alguna, ya sea por medios elec-
trónicos, mecánicos o de cualquier otro tipo conocido en la actualidad o utilizado en el futuro —lo cual incluye fotocopias, grabaciones,
sistemas de almacenamiento y recuperación de datos— sin el permi-
so escrito de Self-Realization Fellowship, 3880 San Rafael Avenue, Los
Angeles, California 90065-3298, EE.UU.

Esta edición ha sido autorizada por el
Consejo de Publicaciones Internacionales de
SELF-REALIZATION FELLOWSHIP

Self-Realization Fellowship fue fundada en 1920 por Paramahansa Yogananda, como el órgano difusor de sus enseñanzas en el mundo entero. En todos los libros, grabaciones y demás publicaciones de SRF
aparecen el nombre y el emblema de *Self-Realization Fellowship* (tal como se muestran en esta página), los cuales garantizan a las personas
interesadas que una determinada obra procede de la sociedad estable-
cida por Paramahansa Yogananda y refleja fielmente sus enseñanzas.

Primera edición en español: 2005 (cartoné)
Self-Realization Fellowship

ISBN 0-87612-473-2

Impreso en Verona (Italia) por EBS

1553-J48

NOTA DEL EDITOR

Esta colección de pensamientos inspiradores se ha extraído principalmente de los escritos de Paramahansa Yogananda, quien fundó en la India, en 1917, *Yogoda Satsanga Society of India* (YSS) y en EE.UU., en 1920, *Self-Realization Fellowship* (SRF) —la Sede Internacional de SRF y YSS.

La obra a la que dedicó su vida fue la difusión de la ciencia espiritual de *Kriya Yoga*, una técnica de meditación por medio de la cual el hombre puede obtener una experiencia personal y directa de Dios. Él expuso las enseñanzas de Bhagavan Krishna (el Cristo de la India) y las del Señor Jesús (el Cristo de Occidente) considerándolas en esencia como una sola, y enseñó que, mediante la comunión consciente con la Conciencia Crística universal —que se manifestó plenamente en ellos y en todos los avatares que han alcanzado la unión con Dios—, la humanidad puede conocer la verdadera hermandad bajo la paternidad del Padre Celestial. Paramahansa Yogananda ha mostrado, a miles de hombres y mujeres que poseen aspiraciones espirituales, cómo comulgar —por medio de la práctica de *Kriya Yoga*— con dicha Conciencia Crística omnipresente que constituye la «luz del mundo».

Paramahansa Yogananda escribió numerosos relatos acerca de la ilustre sucesión de maestros de *Self-Realization Fellowship*: Mahavatar Babaji, Lahiri Mahasaya y su propio gurú, Swami Sri Yukteswar. El *Diario espiritual* de SRF recoge profusamente la sabiduría expresada por estos grandes maestros. Se han seleccionado también pasajes inspiradores de las charlas y cartas de Rajarsi Janakananda y de Sri Gyanamata, dos de los discípulos occidentales más avanzados de Paramahansa Yogananda.

Al final del pensamiento seleccionado para cada día, el lector del *Diario espiritual* podrá encontrar el nombre de la persona cuyas palabras se reproducen y el del libro o publicación del cual proceden. Puesto que la persona citada no es necesariamente el autor de la publicación que se señala como fuente, en la parte final del *Diario* presentamos, para comodidad del lector, una lista de libros que consideramos podrían serle de interés. Por otra parte, algunos de los pasajes de este *Diario* se han seleccionado de las *Lecciones de Self-Realization Fellowship*, de los *Para-grams* (breves máximas de Paramahansa Yogananda, impresas individualmente) y de la revista trimestral *Self-Realization*. Para obtener más información acerca de estas publicaciones, puede ponerse en contacto con *Self-Realization Fellowship*.

SELF-REALIZATION FELLOWSHIP

3880 San Rafael Avenue
Los Angeles, California 90065
EE.UU.

CÓMO UTILIZAR EL *DIARIO ESPIRITUAL*

Este *Diario* tiene el propósito de servir de guía cotidiana para desarrollar el hábito de pensar espiritualmente, lo cual constituye el fundamento de la vida espiritual. Los pasajes que se han escogido para las ocasiones especiales y cuyo día de conmemoración anual es fijo figuran en la fecha tradicional. En el caso de las celebraciones cuya fecha varía cada año —como por ejemplo la Pascua de Resurrección—, el pensamiento especial que se ha elegido se encuentra en una página aparte, antes del inicio del mes en que normalmente se conmemora.

Lee cada mañana el pasaje correspondiente a ese día. Luego, siéntate en calma y medita en él para absorber su significado. Reflexiona sobre cómo puedes aplicarlo en tu propia vida. Haz lo posible por sintonizar tu mente con la profunda percepción espiritual y la vitalidad que dieron origen a ese pensamiento.

A lo largo del día, recuerda el pasaje tantas veces como te sea posible: repítelo mentalmente con profunda concentración; o bien, hazlo en voz alta, si las circunstancias te lo permiten. Esfuérzate por todos los medios en aplicar de una manera práctica ese concepto, tanto en lo personal como en tus relaciones con los demás.

Por la noche, antes de retirarte a descansar, repite mentalmente el pensamiento una vez más y anota en este *Diario espiritual* algunas de las reflexiones que surjan de tu propia observación e introspección espiritual.

Al pensar profundamente en las verdades contenidas en este *Diario* y hacer el esfuerzo de practicar el mensaje que cada pensamiento encierra, tu conciencia y tu vida cotidiana se transformarán de manera sutil. Los pensamientos correctos te impulsarán hacia la acción acertada; ésta, a su vez, te conducirá a la paz interior, a la felicidad perdurable y a desarrollar gradualmente tu unión con Dios.

Al comenzar el año nuevo, se abrirán de par en par todos los portales de las limitaciones y, dejándolos atrás, avanzaré hacia más vastos dominios donde los nobles sueños de mi vida encontrarán satisfacción.—Paramahansa Yogananda, *revista Self-Realization*

Al comenzar el año, mi mayor deseo y oración para ti es que deseches los malos hábitos de pensamiento y acción. No los lleves contigo en el año nuevo, pues no hay necesidad de hacerlo. En cualquier instante habrás de abandonar tu vestidura mortal, y los hábitos se desvanecerán, ya que no te pertenecen. ¡No los aceptes! Deja atrás todo pensamiento inútil, los sufrimientos del pasado y los hábitos indeseables. ¡Empieza una nueva vida!—Paramahansa Yogananda, *revista Self-Realization*

Elige los hábitos que vas a desarraigar en el año nuevo. Decídete a eliminarlos de tu conducta, y mantente firme en tu decisión. Resuelve dedicarle más tiempo a Dios: medita regularmente todos los días —y durante varias horas una noche a la semana—, de modo que puedas sentir que estás realizando un progreso espiritual en tu senda hacia Dios. Determina que vas a practicar *Kriya Yoga* con regularidad, y a controlar tus apetitos y pasiones. ¡Sé dueño de ti mismo!—Paramahansa Yogananda, *La búsqueda eterna*

Al inicio de la búsqueda espiritual es sensato comparar varios senderos e instructores espirituales. Sin embargo, cuando hayas encontrado al verdadero gurú que ha sido destinado para ti, aquél cuyas enseñanzas pueden conducirte hacia la meta divina, debes cesar toda búsqueda. La persona espiritualmente sedienta no debe buscar de manera indefinida nuevos manantiales, sino dirigirse al mejor que haya encontrado y beber a diario de sus vivientes aguas.—Paramahansa Yogananda, *Lecciones de Self-Realization Fellowship*

Natalicio de Paramahansa Yogananda

Si no me es posible verte, recuerda que estoy trabajando para ti en algún otro lugar. El hecho de que te vea en todo momento no te ayudará necesariamente. Te beneficiarás más si meditas con concentración y regularidad. No me encuentro aquí para ayudarte sólo en esta vida, sino también en el más allá.—Paramahansa Yogananda, *pasaje de una de sus conferencias*

Quiero hacerme a la mar muchas veces,
atravesando el golfo del más allá,
y retornar a las playas de la Tierra, desde mi hogar
   celestial.
Quiero acoger en mi barca a aquellos que aguardan,
   sedientos,
a aquellos que han quedado atrás,
y llevarlos hasta la opalescente laguna de gozo iridiscente,
donde mi Padre distribuye
las aguas de la paz, las cuales sacian todo deseo.

                    —Paramahansa Yogananda, *La búsqueda eterna*

¡Oh, mi gurú! Aunque todos los dioses me desaprueben, si tú estás satisfecho conmigo, yo estoy a salvo en la fortaleza de tu agrado. Y aunque todos los dioses me protejan en los baluartes de sus bendiciones, si tú no me bendices, no seré más que un huérfano abandonado a desfallecer espiritualmente en el páramo de tu desagrado.

¡Oh Gurú!, tú me hiciste salir de la región del desconcierto y me condujiste al paraíso de la serenidad. Terminó mi sueño de tristeza y estoy despierto en el gozo.—Paramahansa Yogananda, *Susurros de la Madre Eterna*

Dios te quiere: ésa es la razón de que yo esté aquí contigo, pidiéndote que vuelvas a casa, donde se encuentra mi Amado, y donde están Cristo, Krishna, Babaji, Lahiri Mahasaya, Sri Yukteswarji y los demás santos. Dios te dice: «Ven, todos ellos se regocijan en Mí. Ningún gozo mundano —ni el sabor de las comidas, ni la belleza de las flores, ni el pasajero placer del amor terrenal— puede compararse con los gozos divinos de mi morada».

Existe sólo una Realidad; y esa Realidad es Él. Olvida todo lo demás.—Paramahansa Yogananda, *Máximas de Paramahansa Yogananda*

Una vez que se ha encontrado al propio gurú, debería brindársele una devoción incondicional, ya que él es el vehículo de Dios. El único propósito del gurú es conducir al discípulo a la realización del Ser. El gurú ofrece a Dios el amor que recibe del devoto.—Paramahansa Yogananda, *Máximas de Paramahansa Yogananda*

Jamás te extraño cuando me hallo lejos de ti, pues en mi interior estás permanentemente conmigo y por siempre lo estarás. Bien sea que vivamos en este mundo o que hayamos atravesado los portales de la muerte, estaremos eternamente unidos en Dios.—Paramahansa Yogananda, *pasaje de una charla informal*

Sin un gurú, el devoto común no puede encontrar a Dios. El veinticinco por ciento de la búsqueda consiste en la práctica fiel de las técnicas de meditación; las bendiciones del gurú aportan un veinticinco por ciento adicional; y el cincuenta por ciento restante es conferido por la gracia de Dios. Si perseveras en tus esfuerzos espirituales hasta el final, el Señor se presentará ante ti.—Paramahansa Yogananda, *revista Self-Realization*

El discípulo sincero obedece incondicionalmente en todo a su gurú, pues el gurú es un ser dotado de sabiduría y pureza.—Paramahansa Yogananda, *revista Self-Realization*

Si permitimos que nuestra voluntad sea dirigida por la sabiduría de un maestro —cuya voluntad se halla en sintonía con la de Dios—, el maestro la guiará de modo tal que seamos capaces de recorrer raudamente el camino de regreso a la Divinidad. La principal diferencia entre un hombre común y un santo consiste en que el sabio se ha sintonizado con la voluntad divina.—Rajarsi Janakananda, *Rajarsi Janakananda: A Great Western Yogi*

En ocasiones, algunos estudiantes me dicen: «Tal o cual discípulo está progresando espiritualmente más que yo, ¿por qué?». A lo cual les respondo: «Él sabe escuchar». Todos podrían transformar sus vidas si escucharan con profunda atención los sencillos consejos que contiene el código ético de todas las religiones. La pétrea coraza del egoísmo, que se halla presente en el corazón de la mayoría de los seres humanos, es lo que les impide escuchar atentamente la sabiduría que existe desde tiempo inmemorial.—Paramahansa Yogananda, *God Talks With Arjuna: The Bhagavad Gita*

La obediencia al gurú es necesaria para poder sintonizarse con su sabiduría. Obedecer los deseos de un gurú que conoce a Dios no te convierte en esclavo, pues sus deseos te confieren independencia y libertad. Un verdadero gurú se encuentra al servicio de Dios, llevando a cabo el plan que Él ha trazado para liberarte. Una vez que comprendas esta verdad, le obedecerás siempre, hasta alcanzar la perfecta emancipación en el Espíritu.—Paramahansa Yogananda, *revista Self-Realization*

Si careces de realización divina, tu libertad es muy reducida, pues tu vida está gobernada por los impulsos, los caprichos, los estados de ánimo, los hábitos y el medio ambiente. Al seguir el consejo de un gurú y aceptar su disciplina, gradualmente te liberarás de la esclavitud de los sentidos.—Paramahansa Yogananda, *Máximas de Paramahansa Yogananda*

Resulta sencillo para mí sembrar la semilla del amor a Dios en aquellos que se hallan en sintonía conmigo. Quienes acatan mis deseos no están en realidad obedeciéndome a mí, sino al Padre que en mí reside. El Señor no le habla al ser humano en forma directa, sino a través del gurú y de sus enseñanzas.—Paramahansa Yogananda, *revista Self-Realization*

Incluso los grandes maestros escuchan humildemente a sus gurús, pues ése es el camino de la rectitud.—Paramahansa Yogananda, *revista Self-Realization*

Si no estás dispuesto a realizar una tarea, te fatigarás desde el comienzo; si en cambio la llevas a cabo con entusiasmo, te sentirás lleno de energía. Trabaja siempre de manera diligente, y comprobarás que el incansable poder de Dios te sostiene.—Paramahansa Yogananda, *revista Self-Realization*

Otro secreto del progreso consiste en el autoanálisis. La introspección es un espejo en el cual te es posible contemplar algunos recodos de tu mente; sin su práctica, éstos permanecerían ocultos a tu vista. Diagnostica la causa de tus fracasos y —haciendo un balance de tus buenas y malas tendencias— analiza lo que eres, lo que deseas llegar a ser y cuáles son los defectos que te lo impiden.—Paramahansa Yogananda, *La ley del éxito*

Toda persona debería aprender a analizarse desapasionadamente. Anota cada día tus pensamientos y aspiraciones. Descubre lo que realmente eres —¡no lo que imaginas ser!— si deseas convertirte en lo que deberías ser. La mayoría de la gente no cambia porque no ve sus propios defectos.—Paramahansa Yogananda, *La búsqueda eterna*

Aplícate a la tarea de transformarte en lo que deberías y quieres ser. A medida que mantengas tu mente enfocada en Dios y te sintonices así con su voluntad, progresarás en tu sendero con una seguridad cada vez mayor.—Paramahansa Yogananda, *La ley del éxito*

Es una buena idea llevar un diario mental. Antes de retirarte cada noche, revisa brevemente tu día. Analiza en qué te estás convirtiendo. ¿Te agrada el rumbo de tu vida? Si no es así, modifícalo.—Paramahansa Yogananda, *Máximas de Paramahansa Yogananda*

Muchos son los que suelen justificar sus propias faltas, pero juzgan duramente las ajenas; deberíamos invertir tal actitud, excusando los defectos de los demás y examinando crudamente los propios.—Paramahansa Yogananda, *La ley del éxito*

Todo aquello de lo que seas consciente posee una vibración correspondiente dentro de ti. El que es pronto para ver y juzgar el mal en otras personas tiene dentro de sí la semilla de ese mismo mal. Quien ha desarrollado su naturaleza divina, y que por lo tanto posee un alto y puro tono vibratorio, se halla siempre consciente de la chispa divina que hay en todo lo que le rodea, y la magnética vibración de su alma intensifica esa fuerza vibratoria en quienes entran dentro de su campo vibratorio.—Paramahansa Yogananda, *Lecciones de Self-Realization Fellowship*

Si descubres que te estás volviendo sensible, melindroso o murmurador, puedes tener la certeza de que te hallas retrocediendo. Lo mejor consiste en analizarte y comprobar si hoy eres más dichoso que ayer. Si es así, significa que estás progresando; y tal sentimiento de dicha debe proseguir.—Paramahansa Yogananda, *Lecciones de Self-Realization Fellowship*

Por lo general, es relativamente fácil analizar a las personas y clasificarlas de acuerdo con su personalidad. Ahora bien, suele ser más difícil enfocarse en uno mismo y analizarse con rigurosa honradez; sin embargo, esto es precisamente lo que debes hacer para encontrar los cambios que necesitas. Uno de los propósitos de descubrir tu propia personalidad consiste en saber de qué forma afectas a los demás. Consciente o inconscientemente, la gente percibe tu personalidad, y sus reacciones son una indicación.—Paramahansa Yogananda, *Lecciones de Self-Realization Fellowship*

Mira dentro de ti mismo. Recuerda que el Infinito se encuentra en todas partes. Si buceas profundamente en la supraconciencia, podrás acelerar el vuelo de tu mente hacia la eternidad; mediante el poder de la mente, puedes ir más lejos que la estrella más distante. El reflector de la mente está plenamente equipado para proyectar sus rayos supraconscientes en el corazón mismo de la Verdad. ¡Haz uso de él para alcanzar tu meta!—Paramahansa Yogananda, *La búsqueda eterna*

Tú sabes cuando obras mal, pues todo tu ser te lo dice; ese sentimiento es la voz de Dios. Si no le escuchas, Él permanece en silencio. Pero cuando despiertes espiritualmente, el Señor volverá a guiarte. Él ve tus pensamientos y acciones, tanto los buenos como los malos; sin embargo, no importa lo que hagas, Él te ama siempre como a su hijo.—Paramahansa Yogananda, *Lecciones de Self-Realization Fellowship*

En aquellas ocasiones en que mentalmente busco cómo huir de una situación que me resulta demasiado penosa, recuerdo esta verdad y pienso en ella: «Estoy huyendo; no estoy superando el problema».—Sri Gyanamata, *God Alone: The Life and Letters of a Saint*

Si sigues constantemente la voz interior de la conciencia, que es la voz de Dios, te convertirás en una persona auténticamente virtuosa, en un ser profundamente espiritual, en un hombre de paz.—Paramahansa Yogananda, *pasaje de una de sus conferencias*

Gozar de la vida no es reprobable; el secreto de la felicidad consiste en no apegarse a nada. Disfruta del aroma de las flores, pero contempla a Dios en ellas. Yo me mantengo consciente de mis sentidos con la única finalidad de que, al utilizarlos, pueda percibir siempre a Dios y pensar en Él: «Mis ojos fueron creados para contemplar tu hermosura en todas partes. Mis oídos fueron creados para oír tu voz omnipresente». Eso es yoga: unión con Dios. No es necesario ir a un bosque para encontrar al Señor, pues, dondequiera que estemos, los hábitos mundanos nos mantendrán atados mientras no consigamos librarnos de ellos. El yogui aprende a encontrar a Dios en la gruta de su corazón y, dondequiera que vaya, lleva siempre consigo la beatífica conciencia de la presencia divina.—Paramahansa Yogananda, *La búsqueda eterna*

La verdadera renunciación *(tyaga)* consiste en desempeñar nuestras actividades sin desear sus frutos. Dios es el Divino Renunciante, pues lleva a cabo todas las actividades del universo sin apegarse a ellas. Quien aspire a conocer a Dios —sea un monje o un hombre de familia— debe actuar y vivir para el Señor, sin identificarse emocionalmente con el drama de su creación.—Paramahansa Yogananda, *God Talks With Arjuna: The Bhagavad Gita*

Los santos enfatizan el desapego, con el fin de evitar que algún fuerte lazo de apego material nos impida alcanzar por entero el reino de Dios. La renunciación no significa abandonarlo todo; significa desechar pequeños placeres a cambio de la bienaventuranza eterna.—Paramahansa Yogananda, *Cómo conversar con Dios*

La renunciación no es en sí misma un fin, sino un medio para conseguir un fin. El renunciante auténtico es el que vive —sea cual sea su modo externo de existencia— para Dios primero. Lo que realmente importa es amar a Dios y guiar tu vida para complacerle. Cuando así procedas, conocerás al Señor.—Paramahansa Yogananda, *La búsqueda eterna*

Renuncia de corazón a todo, y toma plena conciencia de que sólo estás representando un papel en la intrincada película cósmica, un papel que tarde o temprano habrá de finalizar. Y así como olvidas los sueños, de igual modo olvidarás ese papel. El medio ambiente crea en nosotros la ilusión de que nuestras responsabilidades y pruebas actuales son muy importantes. Elévate por encima de esa conciencia pasajera. Percibe a Dios en tu interior de tal manera que Él se convierta en la única influencia que modele tu vida.—Paramahansa Yogananda, *Rajarsi Janakananda: A Great Western Yogi*

Una persona perezosa jamás encuentra a Dios. Una mente ociosa se convierte en el taller del mal. Pero quienes, deseando solamente a Dios, trabajan por su propio sustento, sin ningún interés por los frutos de la acción, aquéllos son verdaderos renunciantes.—Paramahansa Yogananda, *Máximas de Paramahansa Yogananda*

La renunciación es el sabio sendero hollado por el devoto que voluntariamente abandona metas inferiores en pos de logros superiores y que para alcanzar los gozos eternos prescinde de los placeres pasajeros de los sentidos. La renunciación no constituye un fin en sí misma, sino que despeja el terreno para que las cualidades del alma se pongan de manifiesto. No temas los rigores de la abnegación; las bendiciones espirituales que se derivan de ella son inmensas e incomparables.—Paramahansa Yogananda, *God Talks With Arjuna: The Bhagavad Gita*

Si en alguna ocasión experimentaba un pequeño deseo humano por algo que no podía poseer, de inmediato se presentaba esta pregunta ante mi alma: «¿A qué has venido [al ashram del Gurú]?». La respuesta era siempre: «Sólo para buscar a Dios». En un instante mi visión se aclaraba y toda obstrucción desaparecía. Ésta ha sido permanentemente mi actitud inquebrantable e inamovible como discípula.—Sri Gyanamata, *God Alone: The Life and Letters of a Saint*

La renunciación no es un acto negativo, sino positivo, ya que a través de ella no se abandona absolutamente nada, a excepción de la desdicha. No deberíamos pensar en la renunciación como en un sendero de sacrificio. Se la debe considerar más bien como una inversión divina, por medio de la cual nuestros escasos centavos de autodisciplina arrojarán una ganancia de un millón de dólares de realización espiritual. ¿No es, acaso, un acto de sabiduría el invertir las monedas de oro de nuestros efímeros días en la adquisición de la Eternidad?—Paramahansa Yogananda, *Máximas de Paramahansa Yogananda*

El Señor desea que escapemos de este mundo engañoso. Él llora por nosotros porque sabe cuán difícil nos resulta alcanzar la liberación. Pero tú sólo tienes que recordar que eres su hijo. No te compadezcas de ti mismo. Eres amado por Dios tanto como lo son Jesús y Krishna. Debes buscar su amor, porque éste abarca la libertad eterna, el gozo sin fin y la inmortalidad.—Paramahansa Yogananda, *El Amante Cósmico*

El romance más sublime es el del alma con el Infinito. No tienes idea de lo hermosa que puede ser la vida. Cuando súbitamente descubras a Dios en todas partes, cuando Él venga a ti, hable contigo y te guíe, habrá comenzado el romance del amor divino.—Paramahansa Yogananda, *La búsqueda eterna*

El amor de Dios es la única Realidad. Debemos percibir este divino amor: ¡tan inmenso, tan gozoso, que no podría siquiera comenzar a describir cuán grandioso es! Las personas que se hallan inmersas en el mundo piensan: «Yo hago esto, yo disfruto de aquello», pero todo cuanto hacen y disfrutan llega inevitablemente a su fin. En cambio, el amor y gozo divino que yo siento es ilimitado. Una vez que lo hemos experimentado, jamás podemos olvidarlo; es tan excelso que nunca podríamos desear que otra cosa ocupara su lugar. Lo que todos realmente anhelamos es el amor de Dios. Y llegarás a sentirlo cuando tu relación con Él sea más profunda.—Rajarsi Janakananda, *Rajarsi Janakananda: A Great Western Yogi*

Dios no nos obligará a desearle a Él sobre todas las cosas, porque quiere que le brindemos nuestro amor de manera voluntaria, sin que Él nos lo «sugiera». He aquí el secreto principal de este drama universal. Aquel que nos creó anhela nuestro amor; y desea que se lo ofrezcamos espontáneamente, sin tener Él que pedírnoslo. Nuestro amor es lo único que Dios no posee, a menos que decidamos entregárselo. Así pues, como vemos, incluso el Señor carece de algo que anhela: nuestro amor. Y jamás seremos felices mientras no se lo brindemos.—Paramahansa Yogananda, *Cómo conversar con Dios*

(Día de San Valentín)

Él es el más próximo de cuantos nos son próximos, el más amado de los amados. Ámale como el avaro ama el dinero, como el hombre apasionado ama a su amada, como aquel que se está ahogando ama la respiración. Cuando anheles a Dios intensamente, Él vendrá a ti.—Paramahansa Yogananda, *Máximas de Paramahansa Yogananda*

Todas mis preguntas han sido respondidas, no por el hombre, sino por Dios. Él *es*. Él *es*. Es su espíritu quien te habla a través de mí. Es de su amor del que yo hablo. ¡Oleada tras oleada de gozo estremecedor! Cual dulce céfiro, su amor envuelve el alma. Noche y día, semana tras semana, mes tras mes, año tras año, continúa creciendo, y no sabes dónde está el fin. Y eso es lo que tú anhelas experimentar, lo que todos buscan. Piensas que lo que deseas es el amor humano y la prosperidad, mas en el fondo de ambos se encuentra el Padre, quien te está llamando. Si tomas conciencia de que Él es infinitamente superior a todos sus dones, con toda certeza le encontrarás.—Paramahansa Yogananda, *El Amante Cósmico*

Desarrolla el amor por Dios en tal medida que yo pueda ver en tus ojos que estás embriagado con Él, y que no preguntas «¿Cuándo tendré a Dios?». Si te haces esa pregunta, aún no eres un auténtico devoto. El verdadero devoto dice: «Él me pertenece, Él me escucha; mi Bienamado está siempre conmigo. Es Él quien mueve mis manos, digiere mis alimentos y me observa a través de las estrellas».—Paramahansa Yogananda, *pasaje de una de sus conferencias*

Si en la oscuridad la mente jamás vacila, si el amor y el anhelo nunca desfallecen, tendrás ahí la prueba de que en verdad posees el amor de Dios.—Sri Gyanamata, *God Alone: The Life and Letters of a Saint*

Cuando el Señor ordenó: «No tendrás otros dioses fuera de Mí. No te harás escultura ni imagen alguna» (*Éxodo* 20:3-4), Él quiso significar con ello que no deberíamos exaltar los objetos de la creación por encima del Creador. Nuestro amor a la naturaleza, a la familia, a los amigos, a los deberes y a las posesiones no debería ocupar el trono supremo en nuestros corazones. Sólo *Dios* debe ocupar dicho sitial.—Paramahansa Yogananda, *Máximas de Paramahansa Yogananda*

El amor de Dios todo lo abarca y es tan inmenso que, sin importar los errores que hayamos cometido, Él nos perdona. Si le amamos con todo nuestro corazón, Él nos exime de nuestro karma.—Paramahansa Yogananda, *revista Self-Realization*

Dios te comprende cuando todos los demás te interpretan erróneamente. El Señor es el Amante que te aprecia siempre, no importa cuán grandes sean tus errores. Otros te ofrendan su afecto durante un breve lapso de tiempo, para abandonarte luego; pero Dios no te abandona jamás.

Múltiples son las formas en las cuales Dios busca cada día tu amor. No te castiga si le rechazas: eres tú quien te castigas; entonces descubres que «todas las cosas traicionan a aquel que Me traiciona».—Paramahansa Yogananda, *Máximas de Paramahansa Yogananda*

El amor de Dios no se puede describir, pero puede sentirse a medida que el corazón se purifica y adquiere constancia. Conforme la mente y el sentimiento se dirigen hacia el interior, comienzas a sentir su gozo. Los placeres de los sentidos no perduran; pero el gozo de Dios es eterno. ¡Es incomparable!—Paramahansa Yogananda, *El Amante Cósmico*

El orgullo es cegador e impide percibir la vastedad que experimentan las almas superiores. La humildad es la compuerta por la cual fluye fácilmente el divino torrente de Misericordia y Poder hacia las almas receptivas.—Paramahansa Yogananda, *Lecciones de Self-Realization Fellowship*

La humildad se manifiesta cuando comprendes que Dios es el Hacedor, y no tú. Una vez que tomas conciencia de ello, ¿cómo puedes sentirte orgulloso de tus logros? Ten presente en todo momento que, cualquiera que sea la tarea que te encuentres llevando a cabo, es el Señor quien la está realizando a través de ti.—Paramahansa Yogananda, *revista Self-Realization*

El más grande de los hombres es aquel que se considera el menor de ellos, como lo enseñara Jesús. Un verdadero líder es aquel que ha aprendido previamente a obedecer a otros, aquel que se siente el servidor de todos y que jamás se yergue voluntariamente sobre un pedestal. Quienes persiguen los halagos no merecen nuestra admiración; pero quien nos sirve tiene derecho a recibir nuestro amor. ¿No es acaso Dios el servidor de sus hijos? ¿Y pide Él alabanza por ello? No, Él es demasiado grande para ser conmovido por ésta.—Paramahansa Yogananda, *Máximas de Paramahansa Yogananda*

Aun cuando tu trabajo en esta vida sea humilde, no te consideres obligado a justificarte por ello; siéntete más bien orgulloso de estar cumpliendo con la tarea que el Padre te ha encomendado. Él te necesita en tu lugar particular; no todos pueden desempeñar el mismo papel. Mientras trabajes con el objeto de complacer a Dios, todas las fuerzas cósmicas colaborarán armoniosamente contigo.—Paramahansa Yogananda, *La ley del éxito*

Es peligroso que el devoto posea un poco de conocimiento espiritual, ya que podría volverse vanidoso y sentirse satisfecho de su saber, al suponer equivocadamente que su ser *es* aquello que *conoce*. Dice el proverbio: «el orgullo precede a la caída». Las personas vanidosas tienden a no esforzarse demasiado [...]. Sólo aquel que no se considera importante se torna cada vez más espiritual, hasta lograr unirse a Dios.—Paramahansa Yogananda, *God Talks With Arjuna: The Bhagavad Gita*

La humildad es la manifestación de un corazón comprensivo, y proporciona un ejemplo de grandeza que otras personas se sentirán inspiradas a seguir.—Paramahansa Yogananda, *Lecciones de Self-Realization Fellowship*

Las aguas de la gracia divina no pueden juntarse en las cumbres de las montañas del orgullo, pero fluyen fácilmente hacia los valles de la humildad.—Paramahansa Yogananda, *Máximas de Paramahansa Yogananda*

¡Oh, Creador de Todo! Déjame ser una radiante flor del jardín de tus sueños, o bien una estrellita ensartada en el hilo eterno de tu amor, como una cuenta rutilante del inmenso collar de tus cielos.

O bien, concédeme el más alto honor: el sitio más humilde dentro de tu corazón. Ahí contemplaría yo la creación de las visiones más nobles de la vida.—Paramahansa Yogananda, *Susurros de la Madre Eterna*

Cuando aplicas con perseverancia los principios que implica la relación entre gurú y discípulo, el camino espiritual se simplifica y es imposible extraviarse. Sin importar cuán intensamente trate el engaño de alejarte de la vida espiritual, el maestro que ha experimentado a Dios conoce tus problemas y te ayudará a afirmarte de nuevo en la senda. Esto es lo que el gurú hace por ti cuando te encuentras en sintonía con él.—Paramahansa Yogananda, *Journey to Self-realization*

Se denomina estudiantes a quienes siguen a su maestro en forma superficial, cediendo a la inclinación de escoger sólo aquello que les atrae. En cambio, el discípulo es aquel que acepta todo sin reservas, con el corazón abierto y la mente receptiva. No es preciso persuadirle, pues sigue al maestro por su propia voluntad y con gran determinación. Él persevera con entrega y devoción hasta el final, es decir, hasta encontrar su libertad en Dios.

—Paramahansa Yogananda, *The Second Coming of Christ: The Resurrection of the Christ Within You*

Los Maestros, los Buenos Pastores de este mundo, descienden de sus elevadas moradas y ofrecen su vida en la búsqueda de los discípulos que se hallan extraviados en la oscuridad. Ellos los encuentran en parajes desolados y peligrosos, los despiertan, los colocan sobre su divino hombro y los llevan con regocijo hasta un sitio seguro en el redil. Les dan de comer alimento celestial, y agua viva para beber; quien coma ese alimento y beba esa agua vivirá para siempre. Les confieren el poder de convertirse en hijos de Dios. Entregan su propia vida, hasta el último gramo de carne y hasta la última gota de sangre, por la redención de las ovejas que conocen su voz.—Sri Gyanamata, *God Alone: The Life and Letters of a Saint*

Es responsabilidad del gurú y del discípulo ser leales mutuamente, no tan sólo en una vida, sino durante todas aquellas que sean necesarias para que el devoto conozca a Dios. Quienes son cien por cien leales a su gurú pueden tener la certeza de lograr la liberación final y la ascensión espiritual. Se pueden tener muchos instructores, pero gurú sólo hay uno, que permanece como tal a lo largo de numerosas vidas, hasta que el discípulo obtenga la suprema meta final de su emancipación en Dios. Debes tener presente los conceptos anteriores, una vez que la relación gurú-discípulo se haya establecido.—Paramahansa Yogananda, *Lecciones de Self-Realization Fellowship*

El entrenamiento espiritual que usted* me ha dado ha sido, y es, perfecto. No se puede juzgar al gurú —si es que hubiere de juzgársele de algún modo— según las normas que se aplican a la amistad entre dos seres iguales. Siempre lo he sabido.—Sri Gyanamata, *God Alone: The Life and Letters of a Saint*

* Paramahansa Yogananda

La amistad que existe entre el gurú y el discípulo es eterna. Cuando el discípulo acepta las enseñanzas de su gurú, hay una entrega completa, sin coacción alguna.
—Paramahansa Yogananda, *La búsqueda eterna*

Mahasamadhi de Paramahansa Yogananda

Mi cuerpo pasará, pero mi obra perdurará. Y mi espíritu seguirá vivo. Aun cuando yo ya no esté, trabajaré contigo para la liberación del mundo con el mensaje de Dios. Prepárate para la gloria de Dios. Recárgate con la llama del Espíritu.—Paramahansa Yogananda, *El Amante Cósmico*

Swami Sri Yukteswar le dijo a su discípulo Parama-hansa Yogananda: «Seré tu amigo por toda la eterni-dad, sin importar si te encuentras en el más bajo nivel mental o en el plano más elevado de la sabiduría.

»Seré tu amigo aun si alguna vez erraras, pues entonces necesitarás mi amistad más que en ninguna otra oca-sión».—Swami Sri Yukteswar, *citado en las Lecciones de Self-Realization Fellowship*

Mahasamadhi de Swami Sri Yukteswar

Palabras de Swami Sri Yukteswar a Paramahansa Yogananda, ante quien se apareció en cuerpo físico, el 19 de junio de 1936, más de tres meses después de su *mahasamadhi* (el abandono definitivo del cuerpo físico realizado en forma consciente por un gran yogui): «Tú y yo sonreiremos juntos, tanto tiempo como nuestras dos figuras aparezcan desiguales en el divino sueño de *maya*. Finalmente, nos fundiremos, haciéndonos uno con el Amado Cósmico; ¡nuestras sonrisas serán la Suya, y nuestro gozoso cantar unificado, vibrando por toda la eternidad, se difundirá hacia las almas armonizadas con Dios!».—Swami Sri Yukteswar, *citado en Autobiografía de un yogui*

Mi Gurú me enseñó a usar el cincel de la sabiduría para hacer de mí un templo digno de recibir la presencia de Dios. Todos los seres humanos pueden hacer lo mismo, si siguen los preceptos de los maestros que han alcanzado la iluminación divina.—Paramahansa Yogananda, *Lecciones de Self-Realization Fellowship*

El hombre, creado a imagen de Dios, posee en su interior la divina y todopoderosa fuerza de voluntad. La suprema responsabilidad del ser humano consiste en descubrir cómo mantenerse en armonía con la voluntad divina; y ello se logra a través de la práctica de la meditación en la forma correcta.—Paramahansa Yogananda, *La ley del éxito*

Con el objeto de desarrollar el poder dinámico de la voluntad, es útil proponerse realizar algunas de las cosas que te hayan parecido inalcanzables hasta ahora, comenzando primero por las más sencillas; luego, a medida que tu confianza se fortalezca y tu voluntad se torne más dinámica, puedes intentar logros más difíciles. Una vez que estés seguro de haber elegido bien tu meta, no debes aceptar por ningún motivo someterte al fracaso. Dedica toda tu fuerza de voluntad a la consecución de un solo objetivo a la vez; no disperses tus energías ni emprendas un nuevo proyecto a costa de dejar a medias el cumplimiento de tu resolución.—Paramahansa Yogananda, *La ley del éxito*

Cuando actúa guiada por el error, la voluntad humana nos extravía; mas cuando es conducida por la sabiduría, la voluntad humana se encuentra sintonizada con la voluntad divina. Dios abriga un plan para cada uno de nosotros, y si pudiésemos seguirlo fielmente, contaríamos con una dirección interior que nos salvaría de los abismos de la desgracia; pero frecuentemente su plan se ve oscurecido por los conflictos de nuestras vidas, y desaprovechamos esa guía.—Paramahansa Yogananda, *La ley del éxito*

Debes siempre procurar obtener la certeza interior —nacida de la serena profundidad de tu más íntimo Ser— de que lo que persigues es algo correcto, que te conviene conseguir y que está de acuerdo con los designios divinos. Una vez obtenida dicha seguridad, puedes entonces aplicar toda la fuerza de tu voluntad para alcanzar tal objetivo, pero manteniendo siempre tus pensamientos concentrados en Dios: la Fuente de todo poder y de toda realización.—Paramahansa Yogananda, *La ley del éxito*

La mente es la creadora de todo. Por lo tanto, deberías dirigir tu mente de tal modo que sólo cree el bien. Si te aferras a un determinado pensamiento, aplicando en ello tu fuerza de voluntad dinámica, dicho pensamiento llegará finalmente a manifestarse en forma externa y tangible. Cuando eres capaz de utilizar tu voluntad con fines únicamente constructivos, te conviertes en el amo de tu propio destino.—Paramahansa Yogananda, *La ley del éxito*

Si haces uso de todos los medios externos accesibles, así como también de tus habilidades naturales, para vencer cada obstáculo que se presente en tu sendero, desarrollarás los poderes que Dios te ha otorgado: poderes ilimitados, que fluyen de los potenciales más íntimos de tu ser. Posees el poder de pensar y el poder de la voluntad: ¡utiliza al máximo tales dones divinos!—Paramahansa Yogananda, *La ley del éxito*

Eres capaz de hacer todo cuanto te propongas. Dios es la suma de todas las cosas, y su imagen está dentro de ti. Él puede hacerlo todo, y lo mismo puedes tú, si aprendes a identificarte con su naturaleza inagotable.
—Paramahansa Yogananda, *La búsqueda eterna*

Fortalece tu poder de voluntad para que las circunstancias no te controlen, sino que seas tú quien las controle.—Paramahansa Yogananda, *citado de un Paragram*

Tu deber consiste en despertar en ti el deseo de alcanzar tus nobles objetivos; fustiga luego tu voluntad para que lleve a cabo las acciones necesarias que te permitan seguir el sendero de la sabiduría que te ha sido mostrado.—Paramahansa Yogananda, *Lecciones de Self-Realization Fellowship*

Recuerda que en tu voluntad yace el omnipotente poder de Dios. Cuando una hueste de dificultades te amenace y rehúses darte por vencido a pesar de ellas, cuando tu mente se enfoque inamoviblemente en la meta —totalmente dispuesta a vencer—, comprobarás entonces que Dios te responde.—Paramahansa Yogananda, *Cómo conversar con Dios*

Son tus hábitos mentales cotidianos los que modelan tu vida; ella no se rige tanto por tus inspiraciones pasajeras o brillantes ideas.—Paramahansa Yogananda, *La ley del éxito*

Los buenos hábitos son tus mejores amigos; preserva su poder, alimentándolos continuamente mediante buenas acciones. Los malos hábitos son tus peores enemigos; te fuerzan a actuar en contra de tu propia voluntad y a adoptar una conducta nociva. Ellos deterioran tu vida física, social, moral, mental y espiritual. No continúes alimentando con acciones erróneas los malos hábitos; déjalos morir de inanición.—Paramahansa Yogananda, *Afirmaciones científicas para la curación*

Tanto los buenos como los malos hábitos requieren de cierto tiempo para adquirir poder. Los malos hábitos crónicos pueden ser reemplazados por los buenos hábitos opuestos, siempre que estos últimos se cultiven pacientemente.—Paramahansa Yogananda, *Afirmaciones científicas para la curación*

Un mal hábito puede modificarse rápidamente. Un hábito es el producto de la concentración mental. Has estado pensando siempre en una forma determinada. Para desarrollar un buen hábito nuevo, concéntrate simplemente en la dirección opuesta.—Paramahansa Yogananda, *Máximas de Paramahansa Yogananda*

A través de las duras lecciones cotidianas, algún día llegarás a ver claramente que los malos hábitos alimentan el árbol de los insaciables deseos materiales, mientras que los buenos hábitos nutren el árbol de las aspiraciones espirituales. Deberías concentrar tus esfuerzos cada vez más en desarrollar exitosamente el árbol de tu espiritualidad, de modo que puedas algún día cosechar el fruto maduro del conocimiento de tu verdadero Ser.

—Paramahansa Yogananda, *La ley del éxito*

Sé cuidadoso con lo que eliges hacer en forma consciente, porque, a menos que tu voluntad sea muy firme, será lo que tendrás que hacer de manera repetida y
obligada debido a la influencia que ejerce el poder de la
mente subconsciente en la creación de los hábitos.—Paramahansa Yogananda, *Lecciones de Self-Realization
Fellowship*

Los hábitos del pensamiento funcionan como imanes, atrayendo hacia ti determinados objetos, personas y condiciones. Si aspiras a acabar con un mal hábito, debilítalo primero evitando toda circunstancia tendente a provocarlo o a estimularlo, pero asegúrate de no concentrarte en él, en tu celo por evadirlo. Encauza luego tu mente hacia algún buen hábito, cultivándolo en forma constante, hasta que se convierta definitivamente en parte de tu ser.—Paramahansa Yogananda, *La ley del éxito*

La verdadera libertad consiste en la capacidad para seguir, en toda acción —comer, leer, trabajar, etc.—, el curso indicado por el discernimiento correcto y por la libre elección, mas no por el hábito. Por ejemplo, come aquello que sabes que te beneficiará, y no necesariamente aquello a lo cual te has habituado. Lleva a cabo lo que debes hacer, y no aquello que dictan los hábitos nocivos.—Paramahansa Yogananda, *Afirmaciones científicas para la curación*

Solamente cuando desechas de ti todos los malos hábitos eres realmente libre. Tu alma jamás conocerá la libertad mientras no llegues a ser el verdadero amo de ti mismo, mientras no seas capaz de obligarte a realizar lo debido, aun cuando no lo desees. En este poder de autocontrol yace la semilla de la libertad eterna.—Paramahansa Yogananda, *La ley del éxito*

No continúes viviendo del mismo y viejo modo. Decídete a mejorar tu vida y lleva a cabo tu resolución. Cambia tu conciencia; eso es todo lo que necesitas hacer.—Paramahansa Yogananda, *revista Self-Realization*

Si eres capaz de liberarte de todo tipo de malos hábitos y eres capaz de actuar correctamente porque te nace hacerlo —y no solamente con el objeto de evitar el dolor que acompaña a una mala acción—, sabrás entonces que estás progresando de verdad en el Espíritu.—Paramahansa Yogananda, *La ley del éxito*

PENSAMIENTOS PARA LA PASCUA
DE RESURRECCIÓN

La crucifixión

¡Oh Cristo, Bienamado Hijo de Dios! Tu pasión en la cruz fue una victoria inmortal de la humildad sobre la fuerza, del alma sobre el cuerpo. Que tu ejemplo inefable nos aliente a soportar con valor nuestras pequeñas cruces.

¡Oh, Gran Amante de la humanidad desgarrada por el error! Un invisible monumento al supremo milagro de amor se erigió en miríadas de corazones cuando expresaste: «Perdónalos, porque no saben lo que hacen».—Paramahansa Yogananda, *Susurros de la Madre Eterna*

La resurrección

Padre Celestial, del sepulcro de la carne, he resucitado con Cristo en tu omnipresencia. He resucitado de los ínfimos afectos humanos en la grandeza del amor por todas tus criaturas. He resucitado de la ignorancia en tu eterna sabiduría. He resucitado de todos los deseos mundanos en un deseo por Ti únicamente. He resucitado del anhelo de amor humano; sólo deseo el amor divino. Soy uno con Cristo, soy uno contigo.—Paramahansa Yogananda, *revista Self-Realization*

Para alcanzar la realización divina, es necesario tener compasión por todos los seres *(daya)*, porque Dios mismo rebosa de esa cualidad. Quienes poseen un corazón sensible son capaces de ponerse en el lugar de otras personas, identificarse con su sufrimiento y tratar de aliviarlo.—Paramahansa Yogananda, *God Talks With Arjuna: The Bhagavad Gita*

¡Oh Señor Misericordioso! Enséñame a derramar lágrimas de amor por todos los seres. Que pueda yo verlos como algo muy mío, como a distintas expresiones de mi mismo Ser.

Que con la misma facilidad con que perdono mis propios errores, perdone yo las faltas de los demás. Bendíceme, ¡oh Padre!, para que no mortifique yo a mis compañeros con críticas desagradables; y que si alguna vez me piden consejo con el deseo de corregirse, sólo les sugiera yo lo que Tú me inspires.—Paramahansa Yogananda, *Susurros de la Madre Eterna*

Procura ayudar diariamente —así como lo harías por ti mismo o por tu propia familia— a quienquiera que en tu entorno se encuentre física, mental o espiritualmente necesitado. Entonces, no importa cuál sea tu papel en el escenario de la vida, sabrás que lo has estado desempeñando correctamente, guiado por el Director de Escena de todos nuestros destinos.—Paramahansa Yogananda, *Lecciones de Self-Realization Fellowship*

Aun en el hombre más tenebroso y depravado está oculta la luz divina, esperando condiciones propicias para resplandecer exteriormente, tales como frecuentar buenas compañías y tener un ardiente deseo de perfeccionarse.

Señor, te agradecemos que no haya pecado imperdonable, ni mal que no pueda ser vencido, puesto que el mundo de la relatividad no contiene absolutos.

Guíame, ¡oh Padre Celestial!, para que a tus hijos desorientados pueda yo despertarlos a la conciencia de su pureza original, de su inmortalidad y de su herencia divina.—Paramahansa Yogananda, *Susurros de la Madre Eterna*

Consideraré a quien se crea mi enemigo como mi verdadero hermano divino, oculto tras el velo del malentendimiento. Desgarraré ese velo con la daga del amor, de forma que, al ver él mi disposición humilde, comprensiva y magnánima, no pueda ya desdeñar mis expresiones de buena voluntad.—Paramahansa Yogananda, *Meditaciones metafísicas*

Que la fealdad de la malevolencia en los demás me impulse a adquirir la belleza de la amorosa benevolencia.

Que el áspero lenguaje de mis compañeros me recuerde que debo usar siempre palabras amables. Y si las mentes perversas me arrojan piedras, permite que yo, en cambio, les lance sólo proyectiles de buena voluntad.

Que así como la enredadera de jazmín derrama flores sobre las manos que a golpes de hacha cortan sus raíces, de igual modo pueda yo derramar, sobre quienes me son hostiles, las flores del perdón.—Paramahansa Yogananda, *Susurros de la Madre Eterna*

Que con mi intolerancia y mis impulsos vengativos, no acreciente yo la ignorancia de quienes obran mal. Ilumíname para que pueda yo ayudarlos con mi perdón, con mis oraciones y con mis lágrimas de tierno amor.—Paramahansa Yogananda, *Susurros de la Madre Eterna*

Procura ocuparte de aquellas cosas bellas que requieren valentía y en las cuales no se interesa la mayoría de la gente. Ofrece regalos de amor y paz a quienes han sido marginados.—Paramahansa Yogananda, *Lecciones de Self-Realization Fellowship*

Así como los vitales rayos del sol nutren a todos los seres, de igual manera debes tú derramar rayos de esperanza sobre el corazón de los pobres y de los olvidados, encender la llama del valor en el corazón de los abatidos e infundir renovado aliento en el corazón de quienes se consideran fracasados.—Paramahansa Yogananda, *citado de un Para-gram*

Cuando Dios no responde a tus oraciones, es porque careces de fervor. Si le ofreces áridas simulaciones de oración, no puedes esperar atraer la atención del Padre Celestial. La única forma de llegar a Dios por medio de la oración consiste en orar con persistencia, regularidad y profundo fervor. Elimina de tu mente todo lo negativo: miedo, preocupación, enojo; cólmala, en cambio, con pensamientos relacionados con el amor, el servicio y las expectativas gozosas. En el santuario de tu corazón debe estar entronizado un solo poder, una sola felicidad, una sola paz: Dios.—Paramahansa Yogananda, *Donde brilla la luz*

Al igual que no se puede transmitir ningún mensaje a través de un micrófono estropeado, tampoco es posible emitir plegaria alguna mediante un micrófono mental descompuesto por la inquietud. Repara, por lo tanto, tu micrófono mental y aumenta la receptividad de tu intuición, por medio del ejercicio de una profunda calma interior; de esta forma te capacitarás tanto para transmitirle de manera efectiva tus mensajes a Dios como para recibir sus respuestas.—Paramahansa Yogananda, *La ley del éxito*

Cuando recurrimos a Dios en su aspecto maternal, como la Madre Divina —más que en ningún otro aspecto suyo—, podemos legítima y naturalmente exigir una respuesta. Dios está obligado a responder a semejante llamado, porque la naturaleza esencial de una madre es brindar amor y perdón a su hijo, no importa cuán pecador sea él. La relación entre madre e hijo es la expresión más hermosa del amor humano que el Señor nos ha concedido.

—Paramahansa Yogananda, *Cómo conversar con Dios*

Aunque Dios oye todas nuestras oraciones, no siempre nos responde. Nuestra situación es como la de un niño que llama a su madre, pero la madre no considera necesario acudir. En lugar de ello, le envía un juguete para apaciguarlo. Pero cuando el niño rehúsa dejarse consolar, excepto con la presencia de su madre, ella acude. Asimismo, si queremos conocer a Dios, debemos actuar como un bebé caprichoso, que llora hasta que la madre viene.—Paramahansa Yogananda, *Cómo conversar con Dios*

No debes permanecer sentado, esperando simplemente que el éxito se materialice en tu regazo; una vez que hayas definido el curso de acción a seguir y encauzado tu voluntad hacia él, es necesario llevar a cabo un esfuerzo práctico. Si obras en esta forma, comprobarás que cuanto necesitas para alcanzar el éxito comenzará a venir hacia ti; todo te empujará en la dirección correcta. La respuesta a tus oraciones yace en tu propia voluntad, recargada por la voluntad divina. Cuando haces uso de dicha voluntad, abres la puerta a través de la cual llegará la respuesta a tus oraciones.—Paramahansa Yogananda, *La búsqueda eterna*

Me hallaba en la capilla, arrodillada en oración; pensaba en algo que se estaba acercando a mi vida y que me provocaba gran aprensión. Sabía que no era la voluntad de Dios que yo fuese salvada de esa experiencia. Incluso en ese mismo momento aquello se aproximaba a mí. Repentinamente, Dios me hizo saber la oración que Él quería escuchar, y con rapidez le dije: «No cambies ninguna circunstancia de mi vida, cámbiame a *mí*».—Sri Gyanamata, *God Alone: The Life and Letters of a Saint*

Es preciso exigir su respuesta con gran intensidad; una oración titubeante no basta. Si afirmamos con resolución: «Él me responderá» y rehusamos creer lo contrario, y si continuamos confiando en Él —no importa cuántos años hayan pasado sin que nos haya contestado—, llegará el día en que el Señor nos responderá.—Paramahansa Yogananda, *Cómo conversar con Dios*

Si podemos, aunque sea una vez, «compartir el pan» con el Señor, romper su silencio, Él hablará con nosotros a menudo. Mas, al principio es muy difícil. No es fácil relacionarse con el Señor, porque Él quiere asegurarse de que realmente anhelamos conocerle. Para comprobar si el devoto sólo lo desea a Él, Dios le pone a prueba. Y no hablará con el devoto mientras no esté convencido de que ningún otro deseo se oculta en su corazón. ¿Por qué habría Él de revelársele, si el corazón del devoto está colmado solamente de anhelos de recibir sus obsequios?—Paramahansa Yogananda, *Cómo conversar con Dios*

El proceder más correcto es orar del siguiente modo: «Señor, dame la felicidad de conocerte. Libérame de todos los deseos terrenales y, por encima de todo, dame tu gozo, que perdura más allá de todas las experiencias felices y tristes de la vida».—Paramahansa Yogananda, *La búsqueda eterna*

Hay una respuesta que aclarará todas tus dudas: Recurre a Dios y sé plenamente consciente de su perfección. Permite que tus debilidades se disuelvan al reflexionar reverentemente en su fortaleza. No es preciso explicarle nada a Dios, pues Él conoce todas tus necesidades desde antes de pedir por ellas, y está más dispuesto a ayudarte que tú a implorar. Cuando medites, aleja cualquier otro pensamiento y permanece únicamente absorto en su presencia, que eclipsa todo lo demás. De este modo te tornarás receptivo, y la curación fluirá hacia el cuerpo, la mente y el alma.—Sri Gyanamata, *God Alone: The Life and Letters of a Saint*

La ley supraconsciente del éxito se pone en funciona-miento a través de las oraciones y mediante la com-prensión de la omnipotencia de Dios. No se trata de que interrumpas tus esfuerzos conscientes, mas no dependas exclusivamente de tus propias habilidades naturales, sino que pide además la ayuda divina en todo lo que emprendas.

—Paramahansa Yogananda, *Afirmaciones científicas para la curación*

En momentos de infortunio escuché tu voz que me decía: «El sol de mi protección brilla por igual en tus horas más lóbregas y en las más luminosas. ¡Ten fe y sonríe! La tristeza es una ofensa a la naturaleza de bienaventuranza del Espíritu. Deja que mi luz, que transforma la vida, resplandezca a través de la diafanidad de tu sonrisa. Si deseas complacerme, sé feliz, hijo Mío».—Paramahansa Yogananda, *Susurros de la Madre Eterna*

Recuerda que cuando te sientes desdichado general-mente se debe a que no visualizas con suficiente in-tensidad las cosas importantes que has decidido realizar en la vida, ni empleas con suficiente perseverancia tu fuerza de voluntad, tu capacidad creadora y tu paciencia hasta lograr que tus sueños se materialicen.—Parama-hansa Yogananda, *Lecciones de Self-Realization Fellowship*

La felicidad depende en cierto grado de las condiciones externas, pero fundamentalmente de nuestra actitud mental. Para ser felices deberíamos poseer buena salud, una mente equilibrada, una vida próspera, un trabajo adecuado, un corazón agradecido y, sobre todo, sabiduría o conocimiento de Dios.—Paramahansa Yogananda, *La ley del éxito*

La dicha del Dios infinito debe vibrar a través de tu sonrisa. Permite que el suave viento del amor divino disemine tus sonrisas en los corazones de los seres humanos. Su fuego será contagioso.—Paramahansa Yogananda, *Lecciones de Self-Realization Fellowship*

Tienes el poder de dañarte o de procurar tu bien. [...]
Si no decides ser feliz, nadie podrá hacerte feliz. ¡No culpes a Dios por tu desdicha! Y si decides ser feliz, nadie podrá hacerte infeliz. [...] Somos nosotros quienes hacemos de la vida lo que es.—Paramahansa Yogananda, *Lecciones de Self-Realization Fellowship*

Si adoptas la firme resolución de ser feliz, te será de gran ayuda. No esperes que las circunstancias se modifiquen, pensando erróneamente que es en ellas en donde yace el problema.

No hagas de la infelicidad un hábito crónico, afligiendo así a quienes te rodean y a ti mismo. El hecho de que seas feliz constituye una verdadera bendición, tanto para ti como para los demás.

Si posees la felicidad, lo posees todo; ser feliz es estar en armonía con Dios. Tal capacidad de ser feliz viene a través de la meditación.—Paramahansa Yogananda, *La ley del éxito*

En vez de buscar constantemente tu felicidad personal, procura hacer felices a los demás. Al servir espiritual, mental y materialmente a otros, tus propias necesidades se verán satisfechas. Cuando olvides tu *yo* por medio del servicio que prestes a los demás, notarás que, sin buscarlo, la copa de tu propia felicidad se hallará llena.—Paramahansa Yogananda, *Lecciones de Self-Realization Fellowship*

No pienses que es suficiente con percibir un poco de alegría en el silencio. El gozo divino es mucho más que eso. Supongamos que te castigan no permitiéndote retirarte a dormir cuando desesperadamente necesitas descansar, y de pronto alguien te dice: «Bien, puedes irte a dormir ahora». Imagina la felicidad que sentirías en el instante previo a quedarte dormido. ¡Multiplica esa sensación un millón de veces! Ni siquiera eso describiría el gozo que se experimenta en la comunión con Dios.—Paramahansa Yogananda, *Lecciones de Self-Realization Fellowship*

La felicidad real se alcanza cuando tu voluntad se encuentra guiada por el discernimiento del alma para elegir el bien en vez del mal, en cualquier momento o lugar, porque sinceramente deseas el bien por el bien mismo. Entonces serás en verdad libre.—Paramahansa Yogananda, *Lecciones de Self-Realization Fellowship*

Diariamente buscaré la felicidad más y más en el interior de mi propia mente, y cada vez la buscaré menos a través de los placeres materiales.—Paramahansa Yogananda, *Afirmaciones científicas para la curación*

PENSAMIENTO INSPIRATIVO PARA EL MES DE MAYO

Día de la madre*

En la India nos agrada hablar de Dios en su aspecto de Madre Divina, ya que una auténtica madre es más tierna y perdona más fácilmente que un padre. La madre es una expresión del amor incondicional de Dios; Él la creó para demostrarnos que nos ama, con motivo o sin él. Para mí, cada mujer es una representante de la Madre Cósmica, a quien contemplo en todas ellas. Lo que encuentro más admirable en cualquier mujer es su amor maternal.—Paramahansa Yogananda, *La búsqueda eterna*

* En la mayoría de los países de habla hispana, el Día de la madre se celebra en mayo.

La única forma de lograr la salvación consiste en profesar una lealtad completa a Dios. Este sueño de la vida será apartado de ti algún día: lo único real es el amor de Dios. Nada más; todos son sueños falsos. Huye de ellos. Cada instante veo qué necesario es eso. Pero Él me ha vinculado a la obra de SRF, y por esa razón le digo: «Trabajaré sólo para Ti». Entonces, siento en mi interior su gozo supremo.—Paramahansa Yogananda, *El Amante Cósmico*

Debes esforzarte por complacer a Dios en primer lugar. Es imposible contentar a todos. Me esfuerzo en todo momento por no desagradar a nadie. Hago cuanto puedo y eso es todo lo que me es posible hacer. Mi primer objetivo es complacer a Dios. Empleo mis manos para orar ante Él en actitud de adoración, mis pies para buscarle por doquier, mi mente para pensar en que Él está siempre presente. Cada trono de pensamiento debe ser ocupado por Dios: Dios como paz, Dios como amor, Dios como bondad, Dios como entendimiento, Dios como compasión, Dios como sabiduría. En verdad, esto es lo único que he venido a decirte. Nada más.—Paramahansa Yogananda, *La búsqueda eterna*

En la persona espiritualmente receptiva, la lealtad al gurú surge de manera espontánea cuando el corazón del discípulo se sumerge en el aura del amor incondicional del gurú. El alma sabe que finalmente ha encontrado un verdadero amigo, consejero espiritual y guía. Por ello, el discípulo se esfuerza por corresponder al amor incondicional de su gurú, especialmente cuando se le pone a prueba, de igual modo que la fe y lealtad de los discípulos de Jesús fueron con frecuencia sometidas a prueba debido a la falta de comprensión. Muchos estuvieron con Jesús en las festividades y los sermones, ¡pero cuán pocos le acompañaron en la cruz!—Paramahansa Yogananda, *The Second Coming of Christ: The Resurrection of the Christ Within You*

Juro solemnemente que la mirada penetrante del sol de mi amor nunca se hundirá bajo el horizonte de mi pensamiento siempre puesto en Ti. Juro que nunca bajaré mi mirada, siempre dirigida hacia arriba, para ponerla en otra cosa que no seas Tú, y que nunca haré nada que no me recuerde a Ti.—Paramahansa Yogananda, *Susurros de la Madre Eterna*

Natalicio de Rajarsi Janakananda

Durante una Convención de estudiantes de *Self-Realization Fellowship* que se celebró en 1953, Rajarsi se dirigió a los asistentes con estas palabras:

«Todo lo que poseo y que puedo ofrecerles es el espíritu del Maestro y de Dios. No tengo nada más que decir, nada más que hacer, excepto cumplir con los deseos que el Maestro abrigaba para este gran movimiento. Y lo que él está haciendo por ustedes en estos días no proviene de mí. Yo tan sólo soy su "pequeño" —como él me llamaba— y nunca seré otra cosa, porque el Maestro, Paramahansaji, siempre estará presente en todo: él es mi vida y de él provienen las bendiciones que les envío a todos».

—Rajarsi Janakananda, *Rajarsi Janakananda: A Great Western Yogi*

Los verdaderos devotos pueden ser considerados como fanáticos en su devoción a Él. La única clase de fanatismo correcto consiste en la lealtad a Dios; en pensar en Él noche y día. Si no se dispone de una devoción semejante, es imposible encontrar al Señor. Quienes jamás omiten su práctica de *Kriya*, meditan de manera prolongada y oran fervientemente a Dios descubrirán el anhelado Tesoro.—Paramahansa Yogananda, *La búsqueda eterna*

Dios está llamándote constantemente a través de la flauta de mi corazón. Sigue la verdad que Dios ha enviado a través de *Self-Realization Fellowship* y por siempre serás bendito. No titubees más, tú que has oído estas palabras. ¡Te urjo a que no le olvides! Nuestros cuerpos podrán perecer, pero permitamos que nuestras almas brillen para siempre como estrellas eternas en el corazón de Dios.—Paramahansa Yogananda, *El Amante Cósmico*

Hallarás que todo te traiciona si traicionas tu lealtad hacia Dios. No permitas, pues, que caiga una sola gota de aceite de la lámpara de tu atención en el santuario del silencio interior, ni cuando meditas cada día ni mientras cumples con esmero tus obligaciones en el mundo.
—Paramahansa Yogananda, *La búsqueda eterna*

Dios se encuentra presente en todos los seres. Pero en el corazón de las personas de mentalidad espiritual, que le son fieles y para quienes Él es el centro de todos sus pensamientos, el Señor se expresa en forma mucho más definida. Si te mantienes leal a Dios, te será posible alcanzar la unión con Él. La lealtad atraerá hacia ti la atención del Señor. Confía en la omnipresencia divina y, aun en medio de las tempestuosas olas de las tribulaciones, te será posible conducir certeramente la embarcación de tu vida hasta las playas de Dios.—Paramahansa Yogananda, *citado de un Para-gram*

Natalicio de Swami Sri Yukteswar

Cultivar la compañía del gurú es no sólo encontrarse en su presencia física (ya que esto es a veces imposible), sino que significa fundamentalmente mantenerle en nuestros corazones y sintonizarnos e identificarnos con él en principio.—Swami Sri Yukteswar, *La ciencia sagrada*

Recuerda que el encuentro con Dios significa el entierro de todos los pesares.—Swami Sri Yukteswar, *citado en Autobiografía de un yogui*

¡La santidad no es sinónimo de estupidez! Las percepciones divinas no son incapacitantes. La activa expresión de la virtud da nacimiento a la más aguda inteligencia.—Swami Sri Yukteswar, *citado en Autobiografía de un yogui*

Todo apego es cegador y presta un imaginario halo de atracción al objeto del deseo.—Swami Sri Yukteswar, *citado en Autobiografía de un yogui*

A quienes siempre piensan en Mí, reverenciándome con amor, les imparto aquella sabiduría que les confiere discernimiento *(buddhi yoga)* y por medio de la cual logran conocerme por completo.—Bhagavan Krishna, *Bhagavad Guita*

Tus buenos hábitos te sirven de ayuda en las situaciones comunes, aquellas que te son familiares, pero pueden no bastar por sí solos para guiarte frente a un problema imprevisto. Es entonces cuando se requiere de discernimiento.

El hombre no es un autómata y, por lo tanto, no puede vivir siempre en forma sabia si tan sólo se limita a ceñirse a reglas fijas y principios morales rígidos. En la gran variedad de los problemas y sucesos cotidianos encontramos un campo propicio para el desarrollo de nuestro buen juicio.—Paramahansa Yogananda, *Máximas de Paramahansa Yogananda*

No divulgues todos tus secretos en tu afán de ser sincero. Si confías tus debilidades a personas sin escrúpulos, disfrutarán enormemente burlándose de ti toda vez que se presente una situación en que deseen lastimarte. ¿Por qué habrías de proporcionarles las «municiones»? Habla y actúa de tal forma que te brinde felicidad perdurable a ti y a los demás.—Paramahansa Yogananda, *Lecciones de Self-Realization Fellowship*

Ser leal a una costumbre espiritual sin poseer sinceridad y convicción es hipocresía. La lealtad a la esencia de una costumbre, aun sin ceñirse a ella por completo, implica sabiduría. No ser leal a una costumbre espiritual, o a un principio, o a un instructor constituye decadencia espiritual. Permanece fiel a Dios y a su siervo, y verás la mano divina actuando a través de todas las cosas.—Paramahansa Yogananda, *revista Self-Realization*

No es aconsejable revisar mentalmente un determinado problema en forma constante. Conviene dejarlo descansar ocasionalmente, dándole así tiempo para que se aclare por sí mismo; pero cuida de que tú no descanses de manera tan prolongada que llegues a olvidarte completamente de discernir. Aprovecha, más bien, dichos períodos de reposo para profundizar en tu interior, sumergiéndote en la honda paz de tu íntimo Ser.—Paramahansa Yogananda, *La ley del éxito*

Mantén siempre alerta el sentido del discernimiento. Evita todo aquello que no te beneficiará. Y jamás dejes transcurrir tu tiempo en la ociosidad.—Paramahansa Yogananda, *pasaje de una de sus conferencias*

Cuando el hombre alcanza un leve grado de iluminación, compara las experiencias que le aporta la creación material en su estado de vigilia con las experiencias que tiene él en sus sueños. Sabiendo que estas últimas no son sino meras ideas, comienza a albergar dudas acerca de la existencia substancial de las primeras. Su corazón se ve entonces impulsado a descubrir la verdadera naturaleza del universo y lucha por disipar sus dudas, buscando evidencia para determinar dónde yace la verdad. En este estado, el ser humano es llamado *Kshatriya* o miembro de la clase de los guerreros. Para él, luchar en la forma antes descrita se convierte en su deber natural, cuyo cumplimiento puede permitirle discernir la naturaleza de la creación y obtener un verdadero conocimiento de ella.—Swami Sri Yukteswar, *La ciencia sagrada*

Aquel que busca a Dios es el más sabio de los hombres; quien le ha encontrado es el más exitoso entre todos.—Paramahansa Yogananda, *La ley del éxito*

La sabiduría no se obtiene «insuflando» conocimientos desde el exterior. Es el poder y la capacidad de tu receptividad interior lo que determina cuánto conocimiento verdadero puedes alcanzar y cuán rápidamente.
—Paramahansa Yogananda, *citado de un Para-gram*

No es indispensable pasar por todo tipo de experiencias humanas para alcanzar la sabiduría final. Deberías ser capaz de aprender mediante el estudio de las vidas ajenas. ¿Por qué dejarse involucrar impotentemente en un interminable panorama de eventos, sólo para descubrir que nada en este mundo podrá jamás hacerte feliz?—Paramahansa Yogananda, *La búsqueda eterna*

Esta vida es una extraordinaria novela escrita por Dios, y el hombre enloquecería si se esforzase por comprenderla solamente a través de la razón. Por eso te ruego que medites más. Dilata la mágica copa de tu intuición y, entonces, serás capaz de contener en ella el océano de la sabiduría infinita.—Paramahansa Yogananda, *Máximas de Paramahansa Yogananda*

El modo óptimo de cultivar la verdadera sabiduría es habituarse a considerar el mundo como un sueño. Si enfrentas el fracaso, di simplemente «Es un sueño» y desecha de tu mente toda idea relacionada con el fracaso. Cuando las circunstancias que te rodeen sean negativas, practica la «oposición», pensando y actuando de forma positiva y constructiva.—Paramahansa Yogananda, *La búsqueda eterna*

Al contemplar la creación, la cual aparenta ser tan sólida y real, recuerda siempre que tan sólo existe como un pensamiento de Dios «solidificado» en formas físicas.
—Paramahansa Yogananda, *Lecciones de Self-Realization Fellowship*

Tu verdadera personalidad comienza a desarrollarse cuando eres capaz de sentir, mediante la intuición profunda, que no eres este cuerpo sólido, sino la divina corriente eterna de Vida y Conciencia que existe dentro del cuerpo.—Paramahansa Yogananda, *La búsqueda eterna*

Los *rishis* escribieron en una sentencia tan grandes profundidades, que los comentaristas eruditos han estado ocupados en ellas durante generaciones. Las interminables controversias literarias son para las mentes perezosas. ¿Qué pensamiento más liberador que «Dios es», o simplemente «Dios»?—Swami Sri Yukteswar, *citado en Autobiografía de un yogui*

Así pues, todo el que oiga estas palabras mías, y las ponga en práctica, será como el hombre prudente que edificó su casa sobre roca: cayó la lluvia, vinieron los torrentes, soplaron los vientos y embistieron contra aquella casa; pero ella no cayó, porque estaba cimentada sobre roca.—Jesucristo, *El Nuevo Testamento*

Cada día deberías sentarte en silencio y afirmar con profunda convicción: «No tengo nacimiento, ni muerte, ni casta; tampoco tengo padre ni madre. Yo soy Él, el Espíritu Bienaventurado. Soy la Dicha Infinita». Si repites numerosas veces estos pensamientos, día y noche, finalmente tomarás plena conciencia de lo que en verdad eres: un alma inmortal.—Paramahansa Yogananda, *La búsqueda eterna*

El dolor, la enfermedad y el fracaso son el resultado natural de transgredir las leyes de Dios. La sabiduría consiste en evitar tales violaciones y hallar la paz y la felicidad dentro de ti mismo, mediante acciones y pensamientos que se encuentren en armonía con tu verdadero Ser. Gobierna la mente con acierto, concentrándote en los aspectos positivos de la vida.

No te sientas satisfecho con las gotas del conocimiento procedentes de las limitadas fuentes terrenales; busca, más bien, la sabiduría sin límite de las pródigas y todopoderosas manos de Dios.—Paramahansa Yogananda, *citado de un Para-gram*

PENSAMIENTO INSPIRATIVO PARA EL MES DE JUNIO

Día del padre

Al crear el universo, Dios manifestó dos aspectos: el masculino o paternal, y el femenino o maternal. Si al cerrar los ojos, evocamos interiormente la imagen del vasto e ilimitado espacio, nos sentiremos abrumados y fascinados al no percibir nada más que sabiduría pura. Esa esfera oculta e infinita, en la cual no existe creación alguna, ni estrellas, ni planetas, sino sólo sabiduría pura, es el Padre.—Paramahansa Yogananda, *La búsqueda eterna*

Concentra la atención en tu interior —a nivel del entrecejo—, en el ilimitado lago de la paz. Observa el círculo eterno de las ondas de paz que te rodean. Cuanto mayor sea la atención con que observes, más fácil te será sentir las pequeñas oleadas de paz que se expanden desde las cejas hacia la frente, desde la frente hasta el corazón y, luego, a todas las células del cuerpo. Las aguas de la paz empiezan ahora a desbordar las orillas de tu cuerpo y a inundar el vasto territorio de la mente. La paz inunda y sobrepasa los límites de tu mente, y continúa propagándose ilimitadamente en todas las direcciones.—Paramahansa Yogananda, *Meditaciones metafísicas*

La paz se encuentra mediante la entrega al bien a través de la devoción. Las personas que son amorosas, que practican la quietud, y que se deleitan con la meditación y las buenas acciones son en verdad serenas. La paz es el altar de Dios, la condición en la cual existe la felicidad.—Paramahansa Yogananda, *Lecciones de Self-Realization Fellowship*

Vive a fondo cada momento presente, y el futuro se hará cargo de sí mismo. Disfruta plenamente de la maravilla y la belleza de cada instante. Cultiva la vivencia de la paz. Cuanto más lo hagas, más intensamente sentirás la presencia de ese poder en tu vida.—Paramahansa Yogananda, *Lecciones de Self-Realization Fellowship*

La persona serena se mantiene en calma hasta que llega el momento de acometer una tarea y, entonces, se vuelca en la acción; sin embargo, tan pronto como su ocupación ha concluido, retorna al centro de la calma. Debes permanecer siempre calmado, como un péndulo que está inmóvil, pero que se encuentra listo para abordar serenamente la actividad cada vez que sea necesario.—Paramahansa Yogananda, *Lecciones de Self-Realization Fellowship*

Afirma la paz y la serenidad divinas, y emite única- mente pensamientos de amor y buena voluntad si anhelas vivir en paz y armonía. Vive en sintonía con Dios y todos aquellos que se crucen en tu camino serán ayu- dados por el solo hecho de haberte conocido.—Parama- hansa Yogananda, *Lecciones de Self-Realization Fellowship*

El ser avasallado por los estados de ánimo significa estar atrapado en el mundo material. Si adoptas la firme determinación de jamás perder tu paz, y perseveras en este propósito, podrás alcanzar la santidad. Mantén una cámara secreta de silencio en tu interior, en donde no permitas la entrada de los estados de ánimo negativos, los problemas, los conflictos o las discordias. Desecha el odio, la venganza y los deseos. En esa cámara de paz, Dios te visitará.—Paramahansa Yogananda, *Lecciones de Self-Realization Fellowship*

Cuando tengas paz en cada movimiento de tu cuerpo, en tus pensamientos, en tu fuerza de voluntad y en tu amor, y puedas sentir la paz y a Dios en tus ambiciones, recuerda que has conectado tu vida con Dios.—Paramahansa Yogananda, *Lecciones de Self-Realization Fellowship*

Sé sincero contigo mismo. El mundo no lo es: lo que el mundo ama es la hipocresía. Cuando eres sincero contigo mismo hallas el camino que conduce a la paz interior.—Paramahansa Yogananda, *pasaje de una de sus conferencias*

Cuando nos llenemos del gozo de hacer felices a los demás al prodigarles la paz de Dios, sabremos que el Señor se está expresando a través de nosotros.—Paramahansa Yogananda, *citado de un Para-gram*

Cada vez que un enjambre de preocupaciones invada tu mente, no te dejes perturbar por ellas; por el contrario, mantén la calma, mientras buscas la solución adecuada. Destruye toda preocupación con el poderoso antídoto de tu paz.—Paramahansa Yogananda, *citado de un Para-gram*

Cada minuto es la eternidad, porque la eternidad puede experimentarse en ese minuto. Cada día, cada hora y cada instante es una ventana a través de la cual puedes contemplar la eternidad. La vida es breve y, sin embargo, no tiene término. El alma es eterna, mas en la corta estación de esta vida debes recoger la más abundante cosecha de inmortalidad que te sea posible.—Paramahansa Yogananda, *Lecciones de Self-Realization Fellowship*

Todo lo que existe es Dios. Esta misma sala y el universo entero flotan como una película cinematográfica sobre la pantalla de mi conciencia. [...] Al mirar esta sala veo únicamente puro Espíritu, pura Luz, puro Gozo. [...] Las imágenes de mi cuerpo, de tu cuerpo y de todas las cosas de este mundo no son más que rayos de luz que emanan de esa única Luz sagrada. Al contemplar esa Luz, nada veo, en lugar alguno, sino puro Espíritu.—Paramahansa Yogananda, *pasaje de una charla a sus discípulos en la Ermita de SRF en Encinitas (California)*

La eternidad se abre ante mí, arriba y abajo, a la izquierda y a la derecha, delante y detrás, dentro y fuera.

Con los ojos abiertos, me observo a mí mismo como un cuerpo diminuto. Con los ojos cerrados, me percibo como el centro cósmico en torno al cual gira la esfera de la eternidad, la esfera de la bienaventuranza, la esfera del espacio vivo y omnisciente.—Paramahansa Yogananda, *Meditaciones metafísicas*

Mientras nos mantengamos sumergidos en la conciencia corpórea, seremos cual forasteros en un país extraño. Nuestra tierra natal es la omnipresencia.
—Paramahansa Yogananda, *Máximas de Paramahansa Yogananda*

Le siento fluyendo a través de mi corazón y de todos los corazones, a través de los poros de la tierra, del cielo y de todo lo creado. Él es la eterna corriente de la dicha, el espejo de silencio en el que se refleja la creación entera.—Paramahansa Yogananda, *Meditaciones metafísicas*

Aprende a ver a Dios en todas las personas, independientemente de su raza o credo. Sólo cuando comiences a sentir tu unidad con todo ser humano, conocerás qué es, en verdad, el amor divino, y no antes.—Paramahansa Yogananda, *La ley del éxito*

El océano del Espíritu se ha convertido en la pequeña burbuja de mi alma. Ya sea que flote, al nacer, en el océano de la conciencia cósmica, o desaparezca en él al morir, la burbuja de mi vida no puede perecer. Soy conciencia indestructible; me encuentro por siempre protegido en el seno de la inmortalidad del Espíritu.—Paramahansa Yogananda, *Meditaciones metafísicas*

Una vez, mientras contemplaba un gran montón de arena por el cual se desplazaba lentamente una diminuta hormiga, me dije: «¡Esta hormiga debe figurarse que está escalando la cordillera del Himalaya!». Dicho montón de arena puede haberle parecido gigantesco a la hormiga, pero no me lo parecía a mí. Asimismo, un millón de nuestros años solares puede significar menos de un minuto en la mente de Dios.—Paramahansa Yogananda, *Máximas de Paramahansa Yogananda*

Deberíamos ejercitar nuestras mentes para pensar en los más vastos términos posibles: ¡Eternidad! ¡Infinitud!—Paramahansa Yogananda, *Máximas de Paramahansa Yogananda*

Vuelo en el aeroplano de la conciencia hacia arriba y hacia abajo, a la izquierda y a la derecha, adentro y afuera, hacia todas partes, y descubro que hasta en el último rincón de mi casa —el espacio— he estado siempre ante la sagrada presencia de mi Padre.—Paramahansa Yogananda, *Meditaciones metafísicas*

Para desarrollar una fe profunda es preciso meditar. Una vez que hemos establecido el primer contacto con Dios, lo que debemos intentar es perfeccionar esa relación para que nuestra conciencia se expanda más y más. Esto es lo que Jesús pedía a todos que hicieran, pues deseaba que recibiesen la conciencia omnipresente que él poseía. Y lo mismo enseña Paramahansaji. Él nos trae a Dios y sólo nos pide que le recibamos.—Rajarsi Janakananda, *Rajarsi Janakananda: A Great Western Yogi*

¡Oh Espíritu! Enséñanos a sanar nuestro cuerpo dándole una nueva carga de tu energía cósmica, a sanar nuestra mente con la concentración y la jovialidad, y a curarnos del mal de la ignorancia del alma con el divino remedio de meditar en Ti.—Paramahansa Yogananda, *Susurros de la Madre Eterna*

La fe absoluta e inquebrantable en Dios constituye el supremo método de curación instantánea. Y el más excelso y productivo de los deberes humanos consiste en realizar con perseverancia el esfuerzo por despertar una fe semejante.—Paramahansa Yogananda, *Afirmaciones científicas para la curación*

La Fuente Infinita es una dinamo inagotable que continuamente está alimentando tu alma de fortaleza, felicidad y poder. Por eso es tan importante que confíes tanto como sea posible en la Fuente Infinita.—Paramahansa Yogananda, *Lecciones de Self-Realization Fellowship*

La mente es el factor principal que gobierna el cuerpo. Debemos evitar sugerirle a la mente pensamientos de limitaciones humanas tales como enfermedad, vejez y muerte. En lugar de ello, a la mente debería repetírsele constantemente esta verdad: «Soy el Infinito que se ha convertido en el cuerpo. El cuerpo, como manifestación del Espíritu, es el Espíritu eternamente joven».—Paramahansa Yogananda, *Lecciones de Self-Realization Fellowship*

Obedece las divinas leyes de la higiene. La higiene mental que consiste en mantener la mente pura es superior a la higiene física, mas no por ello se debe despreciar la importancia de esta última ni descuidar su práctica. No vivas, sin embargo, conforme a reglas de higiene tan rígidas que la menor desviación de ellas te perturbe.—Paramahansa Yogananda, *Afirmaciones científicas para la curación*

El cuerpo es un amigo traicionero. Dale únicamente lo que necesita, no más. El dolor y el placer son transitorios; sobrelleva todas las dualidades con calma, tratando a la vez de remontarte más allá de su alcance. La imaginación es la puerta a través de la cual penetran igualmente la enfermedad y la curación. Desconfía de la realidad de una dolencia, aun cuando estés enfermo, y el visitante ignorado se marchará.—Swami Sri Yukteswar, *citado en Autobiografía de un yogui*

Las enfermedades rebeldes —tanto mentales como físicas— poseen siempre una profunda raíz en la mente subconsciente. Para eliminar la enfermedad es necesario arrancar estas ocultas raíces. Por eso toda afirmación consciente debe ser practicada con la fuerza suficiente como para que sea capaz de imprimirse en la mente subconsciente; entonces esta última influirá a su vez en forma automática sobre la conciencia. Así pues, las afirmaciones vigorosas que se practican de manera consciente actúan tanto sobre la mente como sobre el cuerpo a través de la mediación de la mente subconsciente. Las afirmaciones efectuadas con una fuerza aún mayor alcanzan no sólo a la mente subconsciente sino también a la supraconsciente, mágica surtidora de poderes milagrosos.

—Paramahansa Yogananda, *Afirmaciones científicas para la curación*

«Los médicos deben llevar adelante su labor de curar a través de las leyes divinas aplicadas a la materia» decía Sri Yukteswar. Mas siempre hacía resaltar la superioridad de la terapia mental, y con frecuencia repetía: «La sabiduría es la suprema terapia».—Paramahansa Yogananda, *Autobiografía de un yogui*

Reconozco que mi enfermedad es el resultado de mis propias transgresiones de las leyes de la salud. Comiendo con moderación, y por medio de la dieta correcta, el ayuno, el ejercicio y el recto pensar intentaré anular el mal causado.—Paramahansa Yogananda, *Meditaciones metafísicas*

Ser libre significa poseer el poder de actuar guiado por el alma, y no por las compulsiones de los deseos y los hábitos. La obediencia al ego conduce a la esclavitud; la obediencia al alma lleva a la liberación.—Paramahansa Yogananda, *Máximas de Paramahansa Yogananda*

Antes de actuar tienes libertad, pero una vez que has actuado, el efecto de tu acción te seguirá, quieras o no. Tal es la ley del karma. Eres libre, pero al llevar a cabo determinada acción, cosecharás los resultados de tal acto.—Paramahansa Yogananda, *Lecciones de Self-Realization Fellowship*

La libertad del hombre es final e inmediata, si él así lo desea; ésta no depende de victorias exteriores, sino de victorias internas.—Paramahansa Yogananda, *Autobiografía de un yogui*

Natalicio de Sri Gyanamata

El camino de la liberación pasa por el servicio a los demás. El sendero hacia la felicidad consiste en meditar y armonizarse con Dios. [...] Rompe las barreras de tu ego. Desvanece el egoísmo. Libérate de la conciencia del cuerpo. Olvídate de ti mismo; acaba con esta prisión que suponen las encarnaciones. Funde tu corazón en todo; unifícate con toda la creación.—Paramahansa Yogananda, *Lecciones de Self-Realization Fellowship*

No sabes la suerte que has tenido de haber nacido como ser humano: eres más afortunado que cualquier otra criatura. Los animales no pueden meditar ni experimentar la comunión con Dios. Sin embargo, aun cuando posees la libertad de buscar a Dios, no la aprovechas.—Paramahansa Yogananda, *La búsqueda eterna*

El alma se halla atada al cuerpo mediante una cadena de deseos, tentaciones, problemas y preocupaciones, y está tratando de liberarse. Si continúas tirando con fuerza de esa cadena que te mantiene sujeto a la conciencia mortal, algún día una invisible Mano Divina intervendrá y la romperá, y serás libre.—Paramahansa Yogananda, *La búsqueda eterna*

El verdadero significado de la libertad de acción no consiste en poder hacer cuanto nos plazca. Debes comprender hasta qué punto eres realmente libre y en qué medida te encuentras gobernado por tus malos hábitos. Ser bueno tan sólo porque esa inclinación se ha convertido en un hábito tampoco implica verdadera libertad. A su vez, ser tentado no equivale a pecar; sin embargo, poder resistir y sobreponerse a la tentación indica grandeza: eso sí es libertad, pues entonces tus acciones se hallan impulsadas únicamente por tu libre albedrío y tu libertad de elección.—Paramahansa Yogananda, *Lecciones de Self-Realization Fellowship*

Cuando, por medio del discernimiento y la acción correcta, hayan sido «incineradas» todas las semillas de las tendencias erróneas almacenadas en la mente, cada microscópica célula cerebral se convertirá en el trono de un resplandeciente rey de sabiduría, inspiración y salud, que cantará y predicará la gloria de Dios a todas las células inteligentes del cuerpo. Quienes han alcanzado este estado son en verdad libres. Semejantes seres emancipados permanecen más allá del alcance del karma en encarnaciones futuras, y reencarnan sólo para enjugar las lágrimas de otras almas que aún están encadenadas al karma. Los maestros liberados se hallan nimbados por un invisible halo de luz curativa y, dondequiera que van, difunden la luz de la prosperidad y la salud.—Paramahansa Yogananda, *Lecciones de Self-Realization Fellowship*

Swami Sri Yukteswar le dijo a Paramahansa Yogananda: «La libertad no consiste en obrar de acuerdo con
los dictados de los hábitos prenatales o postnatales, o conforme a los caprichos mentales, sino en actuar ciñéndose
a las sugerencias de la sabiduría y del poder de libre elección. Si sintonizas tu voluntad con la mía [la voluntad del
gurú guiada por la sabiduría], hallarás la libertad».—Swami Sri Yukteswar, *citado en las Lecciones de Self-Realization Fellowship*

Toma la determinación de no permitir que los problemas te afecten; decide que no serás quisquilloso, que no serás víctima de los hábitos y de los estados de ánimo, y que serás tan libre como una alondra.—Paramahansa Yogananda, *revista Self-Realization*

No podrás alcanzar la libertad a menos que hayas incinerado las semillas de tus acciones pasadas en el fuego de la sabiduría y la meditación.—Paramahansa Yogananda, *revista Self-Realization*

Nada busques y nada veas excepto tu meta resplandeciendo eternamente ante ti. Las cosas que nos suceden no tienen importancia; lo importante es aquello en lo cual nos transformamos como resultado de tales experiencias. Cada día considera que todo cuanto te ocurre proviene de Dios; y por la noche devuélvele todo, depositándolo en sus manos.—Sri Gyanamata, *God Alone: The Life and Letters of a Saint*

No enfoques la vida en forma negativa. ¿Por qué fijarse en las cloacas, cuando hay tanta belleza a nuestro alrededor? Incluso en las más extraordinarias obras maestras del arte, la música y la literatura, podemos siempre descubrir algún defecto. Pero ¿no es preferible disfrutar de su encanto y de su gloria?

La vida posee un aspecto luminoso y otro oscuro, pues el mundo de la relatividad está compuesto de luz y de sombra. Si dejas que tus pensamientos se concentren en el mal, tú mismo te tornarás desagradable. Contempla solamente el bien en todo, y absorberás así la cualidad de la belleza.—Paramahansa Yogananda, *Máximas de Paramahansa Yogananda*

Yo no espero nada de los demás, de modo que sus acciones no pueden estar en oposición con mis deseos.—Swami Sri Yukteswar, *citado en Autobiografía de un yogui*

Cuando te manifiesten que eres bueno, no debes por ello relajar tus esfuerzos, sino luchar por ser aún mejor, pues tu continuo progreso te aportará felicidad a ti, a quienes te rodean y a Dios.—Paramahansa Yogananda, *Máximas de Paramahansa Yogananda*

No te preocupes de los defectos de los demás. Emplea el polvo detergente de la sabiduría para mantener brillantes e impecables las habitaciones de tu propia mente. Estimuladas por tu ejemplo, otras personas se verán entonces inspiradas a realizar su propio aseo doméstico.—Paramahansa Yogananda, *Máximas de Paramahansa Yogananda*

Vive únicamente en el presente, y no en el futuro. Esfuérzate hoy al máximo; no esperes al día de mañana.—Paramahansa Yogananda, *revista Self-Realization*

En un homenaje póstumo a la Hermana Gyanamata, Paramahansa Yogananda expresó:

«Jamás vi ni escuché a la Hermana criticar a nadie; nunca oí de sus labios una palabra airada. Todos los discípulos que tuvieron la buena fortuna de conocerla hallaron a través de ella nueva inspiración, y todos decían: "En verdad es una santa"».—Paramahansa Yogananda, *citado en God Alone: The Life and Letters of a Saint*

Estas tres cualidades, sumadas a la meditación, abarcan todo cuanto el discípulo necesita seguir en su vida: el desapego, la percepción de Dios como el Dador, y la paciencia imperturbable. En tanto no expresemos alguna de ellas, aún poseemos un serio defecto espiritual por superar.—Sri Gyanamata, *God Alone: The Life and Letters of a Saint*

Si te pudiera dar el presente que más me gustaría ofrecerte de entre todos los obsequios, ése sería la actitud correcta hacia Dios y el Gurú, hacia la vida, hacia tu trabajo y hacia las demás personas de tu grupo.

Sin embargo, los dones más preciados no se pueden comprar o regalar. Los dones y las cualidades del alma deben adquirirse a través de la práctica diaria y paciente. Con certeza, todos serán tuyos con el transcurso del tiempo, pues si no puedes alcanzarlos en el sitio en que Dios te ha colocado, ¿en qué parte del mundo habrían de hallarse?

—Sri Gyanamata, *God Alone: The Life and Letters of a Saint*

En cierta ocasión, mientras meditaba, escuché la Voz Divina susurrándome: «Dices que estoy lejos, *pero lo que sucede es que no has penetrado en tu interior* y por eso dices que me encuentro distante. Yo estoy siempre dentro de ti; entra y me verás. Siempre estoy aquí, dispuesto a darte la bienvenida».—Paramahansa Yogananda, *La búsqueda eterna*

Durante la meditación, sumerge tu mente por completo en Dios. Y cuando estés llevando a cabo alguna tarea, pon en ella todo el corazón. Mas, tan pronto como la hayas finalizado, enfoca tu mente en el Señor. Una vez que aprendas a practicar la presencia de Dios en cada momento libre que tengas para pensar en Él, entonces, incluso en medio de tus actividades, permanecerás consciente de la comunión divina.—Paramahansa Yogananda, *revista Self-Realization*

Cuando quiera que tu mente comience a vagar en medio de la confusión de miríadas de pensamientos mundanos, condúcela pacientemente de regreso al interior, enfocándola sobre el recuerdo del Señor que allí mora. Y así, llegará el día en que descubrirás que Él está siempre contigo: un Dios que te habla en tu propio lenguaje, un Dios cuyo rostro te atisba desde cada flor, desde cada arbusto, desde cada brizna de hierba. Entonces dirás: «¡Soy libre! La gloriosa túnica del Espíritu me viste; vuelo desde la tierra al cielo en alas de luz». ¡Y cómo se consumirá tu ser de gozo!—Paramahansa Yogananda, *Máximas de Paramahansa Yogananda*

Dios es accesible. Al conversar acerca de Él y escuchar sus palabras en las Sagradas Escrituras, al pensar en Él y sentir su presencia en la meditación, percibirás que gradualmente el Irreal se convierte en real, y este mundo, que consideras tan real, empezará a parecerte irreal. No existe dicha comparable con esta realización espiritual.

—Paramahansa Yogananda, *La búsqueda eterna*

Día conmemorativo de Mahavatar Babaji

Mahavatar Babaji ha prometido proteger y guiar en la senda hacia la meta divina a todo *Kriya yogui* sincero. [...] «Cada vez que un devoto pronuncia con reverencia el nombre de Babaji —decía Lahiri Mahasaya—, recibe instantáneamente una bendición espiritual».—Paramahansa Yogananda, *Autobiografía de un yogui*

Aunque planeo y llevo a cabo numerosos proyectos en este mundo, lo hago con el único propósito de complacer al Señor. Continuamente me pongo a prueba —incluso cuando estoy trabajando— y le susurro interiormente «¿Dónde estás, Señor?» y, de inmediato, el mundo entero se transforma. No existe entonces más que una gran Luz, y yo soy una pequeña burbuja en ese Océano de Luz. ¡Tal es el gozo que se experimenta cuando se vive en Dios!—Paramahansa Yogananda, *La búsqueda eterna*

¡Cuán fácil es llenar el día de actividades vanas y cuán difícil es colmarlo de obras y pensamientos valiosos! A Dios no le interesa tanto lo que hacemos, sino dónde se encuentra nuestra atención. Cada uno debe afrontar diferentes dificultades pero el Señor no acepta excusa alguna. No importa cuán difíciles sean las circunstancias que rodeen al devoto, Dios espera que éste mantenga su mente absorta en Él.—Paramahansa Yogananda, *La búsqueda eterna*

Ora a Dios de esta manera: «Señor, Tú eres el Amo de la creación, y por eso acudo a Ti. Jamás desistiré hasta que me hables y me hagas sentir tu presencia. No quiero vivir sin Ti».—Paramahansa Yogananda, *La búsqueda eterna*

No puede haber excusa alguna para no pensar en Dios. Día y noche, girando en el fondo de tu mente: ¡Dios! ¡Dios! ¡Dios! [...]. Ya sea que te encuentres lavando platos, cavando un foso o trabajando en la oficina o en el jardín —cualquiera que sea tu actividad—, interiormente repite: «¡Señor, revélame tu presencia! Tú te hallas aquí mismo. Estás en el sol, en la hierba, en el agua y en esta habitación. Estás en mi corazón».—Paramahansa Yogananda, *revista Self-Realization*

No importa en qué sentido se haga girar una brújula, su aguja siempre se dirige hacia el Norte. Así sucede también con un verdadero yogui. Aun cuando se encuentre sumergido en múltiples actividades exteriores, su mente está siempre con el Señor, y su corazón canta constantemente: «¡Mi Dios, mi Dios, el más adorable entre todos!».—Paramahansa Yogananda, *Máximas de Paramahansa Yogananda*

Ante una hermosa puesta de sol, reflexiona: «Dios está pintando el cielo». Al contemplar el rostro de las personas con quienes te encuentres, piensa: «Es Dios quien ha tomado esa forma». Aplica esta manera de pensar a todas tus experiencias: «La sangre que circula por mi cuerpo es Dios; la capacidad de raciocinio de mi mente es Dios; el amor que siento en mi corazón es Dios; todo cuanto existe es Dios».—Paramahansa Yogananda, *Lecciones de Self-Realization Fellowship*

PENSAMIENTO INSPIRATIVO PARA *JANMASHTAMI*

Natalicio de Bhagavan Krishna

El natalicio de Krishna se celebra de acuerdo con el calendario lunar indio y coincide con el octavo día del período menguante de la luna, en el lapso que transcurre desde mediados de agosto hasta mediados de septiembre.

Aquel que me ve en todas partes y contempla todo en Mí nunca me pierde de vista, y Yo jamás le pierdo de vista.

Permanece eternamente conmigo aquel yogui que, sea cual sea su modo de vida, se halla afianzado en la unión divina y percibe que Yo me encuentro en todos los seres.

¡Oh, Arjuna!, el mejor yogui es aquel que siente por los demás, ya sea en medio del sufrimiento o del placer, lo que siente por sí mismo.—*Bhagavan Krishna, Bhagavad Guita*

El deber supremo es recordar a Dios. Lo primero que debes hacer en la mañana es meditar y preguntarte cómo puedes dedicar tu vida al servicio del Señor, de modo que el día entero estés colmado de su divino gozo.—Paramahansa Yogananda, *revista Self-Realization*

No existe otra forma de encontrar el amor de Dios que entregarse a Él. Domina tu mente para que puedas ofrecérsela.—Paramahansa Yogananda, *El Amante Cósmico*

Amado Padre, no importa cuáles sean las circunstancias que deba afrontar, sé que ellas representan el próximo paso en mi evolución. Aceptaré gustoso todas las pruebas, porque sé que cuento en mi interior con la inteligencia para comprenderlas y el poder para superarlas.—Paramahansa Yogananda, *Meditaciones metafísicas*

Mi gurú, Sri Yukteswar, [dijo]: «Para conocer a Dios no esperes nada. Simplemente arrójate con fe en la bienaventurada Presencia divina que mora en tu interior». [...] El devoto le encontrará finalmente si permanece resguardado en el Señor, pensando en Él durante todas sus nobles actividades y entregándole el resultado de todas las acciones y sucesos de su vida.—Paramahansa Yogananda, *God Talks With Arjuna: The Bhagavad Gita*

Yo soy Tuya, ¡oh Señor! Me esforzaré por ser digna de que me aceptes.

No le haré al Señor, mi Dios, una ferviente ofrenda de aquello que no haya requerido de mi esfuerzo. En la pira ardiente me ofrendaré a mí misma, con todos mis prejuicios y mezquindades, con todo aquello que ambiciona la carne.

Elevaré cada día mi corazón hacia Mahavatar Babaji, Lahiri Mahasaya, Swami Sri Yukteswar y mi Gurú Paramahansa Yoganandaji, clamando por la preciada joya de la unidad con Dios.

En la quietud de la noche, desde las profundidades de mi corazón imploraré: «¡Habla, Señor!, que tu sierva escucha».

Cuando resuene el llamado del penoso deber, responderé: «¡Estoy aquí, Señor!, a tu servicio».—Sri Gyanamata, *God Alone: The Life and Letters of a Saint*

Que cada acto de mi voluntad esté impregnado de tu divina vitalidad. Engalana con tu gracia cada uno de mis conceptos, cada una de mis expresiones y cada una de mis ambiciones. ¡Oh Divino Escultor, cincela mi vida conforme a tu boceto!—Paramahansa Yogananda, *Susurros de la Madre Eterna*

El Señor conoce el curso de nuestros pensamientos. Él no se nos revela mientras no le hayamos entregado nuestro último deseo terrenal... mientras no le digamos: «¡Padre, guíame y poséeme!».—Paramahansa Yogananda, *Máximas de Paramahansa Yogananda*

Cuando alguien me dice cuánto ha hecho por Dios, puedo apreciar la mísera calidad de su actitud. Quienes trabajan para el Señor del modo apropiado jamás piensan en cuánto hacen por Él. Más bien, reflexionan únicamente en cuánto hace Él por ellos —al darles un cuerpo por medio del cual pueden servir a los demás, una mente para pensar en Él y sus maravillas, y un corazón para amarle como Padre, Hacedor y Benefactor único.—Paramahansa Yogananda, *revista Self-Realization*

No importa cuán intensamente hayas trabajado, jamás te retires a dormir sin antes haberle ofrecido a Dios tu más profunda atención. No por ello morirás; mas si fuese preciso, ¡muere por Dios!—Paramahansa Yogananda, *pasaje de una de sus conferencias*

«Señor, mis manos y mis pies están trabajando para Ti. Me has dado un papel específico para desempeñar en este mundo, y todo cuanto hago es por Ti». Entrégate a Dios y comprobarás que tu vida se transforma en una bella melodía. Si tratas de hacer todas las cosas inmerso en la conciencia de Dios, descubrirás con gozo que Él está eligiendo cada día tareas específicas para que tú las lleves a cabo.—Paramahansa Yogananda, *pasaje de una de sus conferencias*

Kriya Yoga es el verdadero «rito del fuego», frecuentemente ensalzado en el *Guita*. El yogui arroja todas sus aspiraciones humanas en un fuego monoteísta, consagrado al Dios incomparable. [...] Todos los deseos pasados y presentes se convierten en el combustible que alimenta el amor divino. La Suprema Llama consume el sacrificio de toda insensatez humana, y el hombre se ve completamente libre de escoria. De sus metafóricos huesos ha sido desgarrada toda la carne voluptuosa, y su esqueleto kármico ha sido blanqueado por el antiséptico sol de la sabiduría; purificado al fin, ya no puede ofender al hombre ni al Creador.—Paramahansa Yogananda, *Autobiografía de un yogui*

La voluntad de Dios fluye hacia el discípulo a través del Gurú en todo momento. Si aceptamos con la actitud correcta la disciplina que se nos imparte, este comportamiento fortalece nuestro carácter como ninguna otra cosa puede hacerlo.—Sri Gyanamata, *God Alone: The Life and Letters of a Saint*

Abandona la esclavitud de los deseos de la carne. Mientras no hayas afianzado tu dominio espiritual sobre el cuerpo, el cuerpo será tu enemigo. ¡Recuérdalo siempre! No tengas más deseo que difundir su nombre, y pensar y cantar acerca de Él todo el tiempo. ¡Qué gozo! ¿Puede el dinero brindarnos ese gozo? ¡No! Éste sólo proviene de Dios.—Paramahansa Yogananda, *El Amante Cósmico*

El reino de mi mente está impurificado con la igno-rancia. Con las lluvias continuas de diligencia en la autodisciplina, pueda yo eliminar de mis ciudades de abandono espiritual los viejos escombros del error.—Pa-ramahansa Yogananda, *Susurros de la Madre Eterna*

[...]No se puede fabricar el acero mientras el hierro no se haya puesto incandescente en el fuego. La creación no tiene el propósito de hacerte daño; las dificultades y enfermedades encierran una lección que debemos aprender. Las experiencias dolorosas no tienen por objeto destruirnos, sino consumir nuestra escoria para acelerar el regreso a nuestro Hogar. Nadie está más deseoso de liberarnos que Dios mismo.—Paramahansa Yogananda, *La búsqueda eterna*

El yogui tanto occidental como oriental debe ejercer la misma disciplina [...], evitando prestar demasiada atención al cuerpo. Si comprueba que le es posible disponer de tiempo para todo lo demás, pero se encuentra demasiado ocupado para buscar a Dios, debería aplicar en su vida el látigo de la disciplina. ¿Por qué atemorizarse? Inmensas son las ganancias que se pueden obtener. Si un hombre no clama y se esfuerza por sí mismo para obtener su propia salvación ¿lo hará acaso otro en su lugar?

—Paramahansa Yogananda, *La búsqueda eterna*

A veces tenemos que sufrir cuando hacemos el bien. Y para encontrar al Señor debemos estar dispuestos a sufrir. ¿Qué importa tener que soportar las incomodidades de la carne y la disciplina de la mente, si obtienes el eterno solaz del Espíritu? El gozo que Cristo sentía en Dios era tan grande que estaba dispuesto a entregar su cuerpo por Él. El propósito de la vida es conseguir esa tremenda felicidad: encontrar a Dios.—Paramahansa Yogananda, *La búsqueda eterna*

He llegado a comprender que el progreso espiritual no se evalúa solamente por la luz que rodea a una persona cuando está en meditación, ni por las visiones que haya tenido de los santos, sino por aquello que día a día es capaz de soportar en el ajetreo de la vida. La grandeza de Cristo no residía únicamente en el hecho de que podía sumergirse en el estado de meditación para percibir con toda gloria su unidad con el Padre y su absoluta identidad con Él, sino también en el hecho de que podía *resistir*.—Sri Gyanamata, *God Alone: The Life and Letters of a Saint*

El yoga es preciso y científico. Yoga significa unión del alma con Dios, mediante métodos graduales que producen resultados específicos y conocidos. El yoga eleva la práctica de la religión por encima de las diferencias del dogma. Aunque mi gurú, Sri Yukteswar, elogiaba el yoga, él no indicaba que el conocimiento de Dios por este medio fuese inmediato. «Debes esforzarte incansablemente para lograrlo», me decía. Así lo hice y, cuando obtuve los resultados prometidos, comprobé que el yoga es maravilloso.—Paramahansa Yogananda, *La búsqueda eterna*

Al meditar, conectamos el pequeño gozo del alma con el vasto gozo del Espíritu. La meditación no debe confundirse con la concentración común. La concentración consiste en liberar la atención de las distracciones para enfocarla en cualquier pensamiento que nos interese. La meditación es esa forma especial de concentración en la cual la atención ha sido liberada de toda inquietud y se enfoca en Dios. La meditación es, por lo tanto, la concentración que se emplea para conocer a Dios.—Paramahansa Yogananda, *Lecciones de Self-Realization Fellowship*

Recuerda que cuanto más practiques la meditación con intensidad, más cerca estarás de alcanzar el gozoso contacto con el Dios silente. La intensidad consiste en hacer la meditación de hoy más profunda que la de ayer, y la de mañana, más profunda que la de hoy.—Paramahansa Yogananda, *Lecciones de Self-Realization Fellowship*

No digas: «Mañana meditaré durante más tiempo». Repentinamente descubrirás que ha transcurrido un año sin que hayas cumplido con tus buenas intenciones. En lugar de lo anterior, di más bien: «Esto y aquello pueden esperar, pero mi búsqueda de Dios no puede esperar».—Paramahansa Yogananda, *Máximas de Paramahansa Yogananda*

El arma más destructiva con que cuenta la ilusión de *maya* es la falta de voluntad para meditar, ya que mediante esta actitud el devoto se impide a sí mismo alcanzar la sintonía con Dios y con el Gurú.—Paramahansa Yogananda, *Rajarsi Janakananda: A Great Western Yogi*

Las cosas más importantes deben tener prioridad. Cuando te levantes por la mañana, medita. Si no lo haces, el mundo entero se presentará para reclamar tu atención, y te olvidarás de Dios. Por la noche, medita antes de que el sueño se apodere de ti. Yo tengo tan fuertemente arraigado el hábito de la meditación que, incluso cuando me acuesto por la noche para dormir, sigo meditando. No puedo dormir de la manera corriente: el hábito de estar con Dios es lo primero.—Paramahansa Yogananda, *La búsqueda eterna*

En tu búsqueda de Dios, haz que incluso una breve meditación sea tan intensa que te parezca que has permanecido horas enteras con Él.—Paramahansa Yogananda, *revista Self-Realization*

Cuanto más medites, más útil serás para los demás, y más profundamente te armonizarás con Dios. El ser humano egoísta permanece atrapado en la estrechez espiritual; pero el altruista expande su conciencia. Cuando descubras tu omnipresencia en la meditación, descubrirás a Dios. Si has complacido al Señor, toda la naturaleza estará en armonía contigo. Aprende a hablarle con toda tu alma.—Paramahansa Yogananda, *Lecciones de Self-Realization Fellowship*

¿Por qué habría Dios de entregarse a ti fácilmente? ¡A ti, que trabajas tan arduamente para obtener dinero, y tan poco para alcanzar la realización divina! Los santos hindúes nos dicen que si, durante un período de 24 horas siquiera, nos dedicásemos a orar en forma continua e ininterrumpida, el Señor aparecería ante nosotros o se nos manifestaría de alguna manera. Si consagramos tan sólo una hora diaria a meditar profundamente en Dios, Él vendrá a nosotros a su debido tiempo.—Paramahansa Yogananda, *Máximas de Paramahansa Yogananda*

No importa lo que le suceda al cuerpo, medita. Nunca te duermas por la noche hasta que hayas comulgado con Dios. El cuerpo te recordará que has trabajado duro y necesitas descanso, pero cuanto menos caso hagas a sus exigencias y más te concentres en el Señor, tanto más arderás de gozosa vitalidad, como un globo de fuego. Entonces comprenderás que no eres el cuerpo.—Paramahansa Yogananda, *La búsqueda eterna*

No te lamentes si no percibes luces ni imágenes en tus meditaciones. Profundiza al máximo en la percepción del Supremo Gozo, y en verdad encontrarás en él la presencia de Dios. Busca el Todo, no una parte de Él.—Paramahansa Yogananda, *Máximas de Paramahansa Yogananda*

Cuanto más azúcar le pones al agua, más dulce se vuelve; de igual manera, cuanto más medites con intensidad, mayor será tu progreso espiritual.—Paramahansa Yogananda, *Lecciones de Self-Realization Fellowship*

En el silencio que se halla tras los portales de tu mente, te aguarda un gozo imposible de describir. Mas es preciso que compruebes esta verdad por ti mismo; debes meditar a fin de crear ese medio ambiente.—Paramahansa Yogananda, *Lecciones de Self-Realization Fellowship*

Todo mejorará en el futuro, si estás haciendo un esfuerzo espiritual en el presente.—Swami Sri Yukteswar, *citado en Autobiografía de un yogui*

Si practicas yoga habrás ganado la mitad de la batalla. Aun cuando no sientas entusiasmo alguno al comienzo, si continúas practicando llegarás a experimentar aquel intenso anhelo de conocer a Dios que es imprescindible poseer para encontrarle.

¿Por qué no haces el esfuerzo? ¿De dónde emergen, constantemente, todas las cosas hermosas de la creación? ¿De dónde proviene la inteligencia de las grandes almas, sino de la fuente infinita del Espíritu? Y si todas estas maravillas que ves a tu alrededor no bastan para inducirte a buscar a Dios, ¿por qué habría Él de revelarte su presencia? Dios te ha dotado de la capacidad de amar, para que puedas anhelarle por encima de todo. No desperdicies tu capacidad de amar y razonar, ni hagas mal uso tampoco de tu inteligencia y concentración, persiguiendo metas falsas.—Paramahansa Yogananda, *La búsqueda eterna*

Con frecuencia, continuamos sufriendo sin hacer esfuerzo alguno por cambiar, y por eso no encontramos paz y satisfacción duraderas. Si perseverásemos, ciertamente seríamos capaces de superar todas las dificultades. Debemos hacer el esfuerzo, de modo que podamos convertir la desdicha en felicidad y el desaliento en valor.—Paramahansa Yogananda, *La búsqueda eterna*

Se requiere de un firme e incesante fervor para persuadirle a entregársenos. Nadie puede enseñarnos ese fervor. Tenemos que desarrollarlo por nuestra propia cuenta. «Es posible conducir a un caballo al abrevadero, pero no es posible forzarlo a beber». Sin embargo, cuando el caballo tiene sed, busca el agua con celo. Asimismo, cuando nuestra sed de Dios sea inmensa, cuando dejemos de otorgarle inmerecida importancia a todo lo demás —las pruebas del mundo, o las pruebas del cuerpo—, entonces Él vendrá.—Paramahansa Yogananda, *Cómo conversar con Dios*

Quienes no dedican tiempo a su religión no pueden esperar adquirir de inmediato el conocimiento de Dios ni del más allá. Por lo general, las personas no llevan a cabo ningún esfuerzo o, cuando lo hacen, no es lo suficientemente profundo y sincero. Las noches deben dedicarse a estar con Dios. Duermes más de lo necesario y, por lo tanto, desperdicias muchas horas valiosas. La noche se hizo para ocultar todas las atracciones del mundo, a fin de que puedas explorar más atentamente el reino de Dios.—Paramahansa Yogananda, *La búsqueda eterna*

Todas las almas son iguales. La única diferencia entre tú y yo consiste en que yo realicé el esfuerzo; le demostré a Dios que le amaba, y Él vino a mí. El amor es el imán del cual Dios no puede escapar.—Paramahansa Yogananda, *Máximas de Paramahansa Yogananda*

Estoy convencida de que si me esfuerzo un poco más, podré crear aquellas condiciones que parecen estar justo fuera de mi alcance. Recuerda que nadie, ni siquiera un maestro espiritual, puede hacerlo *todo* por ti. Tú mismo debes realizar gran parte del trabajo.—Sri Gyanamata, *God Alone: The Life and Letters of a Saint*

Recuerda que si no encuentras a Dios es porque no te esfuerzas debidamente en la meditación. Si no hallas la perla después de bucear una o dos veces, no culpes al océano, sino a tu manera de bucear que no te permite alcanzar la suficiente profundidad. Si te sumerges en las verdaderas profundidades, encontrarás la perla de la Presencia Divina.—Paramahansa Yogananda, *La búsqueda eterna*

Debes incrementar la fortaleza de tu cuerpo y luego, el poder de tu mente. La mejor manera de aumentar el poder mental consiste en tratar de ejecutar cada día algo digno de mérito. Elige una tarea o un proyecto importante del cual se te haya dicho que no lo puedes efectuar, y trata de llevarlo a cabo. Diariamente trata de hacer algo que siempre has creído no poder realizar.—Paramahansa Yogananda, *Lecciones de Self-Realization Fellowship*

Deberías hacer un mayor esfuerzo. Olvídate del pasado, y confía más en Dios. Él no nos asigna fatalmente un destino determinado; aun cuando nuestras vidas están influenciadas por nuestros pensamientos y acciones pasadas, el karma no constituye el único factor en juego. Si te desagrada la forma en que se está desarrollando tu vida actual, modifícala; cambia tu estilo. No me complace escuchar a la gente suspirar y atribuir su presente fracaso a los errores cometidos en el pasado; este comportamiento denota pereza espiritual. Pon manos a la obra y desmaleza el jardín de tu vida.—Paramahansa Yogananda, *Máximas de Paramahansa Yogananda*

Las experiencias que he mencionado pueden lograrse de manera científica. El resultado se obtiene infaliblemente cuando se observan las leyes espirituales; si no se produce, busca la falla en tu esfuerzo. El único modo de alcanzar el éxito es aplicarte con intensidad en todas tus prácticas religiosas. Quienes no meditan con regularidad y profundidad experimentan inquietud al meditar y desisten después de un breve intento. Pero si día a día haces un esfuerzo cada vez mayor, adquirirás la habilidad para meditar profundamente. Yo ya no tengo que esforzarme en modo alguno; el mundo entero se desvanece instantáneamente cuando cierro los ojos y dirijo la mirada al centro crístico [el ojo espiritual, ubicado en el entrecejo].

—Paramahansa Yogananda, *La búsqueda eterna*

Si tu mente se encuentra identificada por completo con tus actividades, no podrás ser consciente del Señor; pero si te hallas en calma e internamente receptivo a su presencia mientras desempeñas una actividad externa, estarás activo de la manera correcta.—Paramahansa Yogananda, *citado de un Para-gram*

Tú mismo eres el único responsable de tu destino. Nadie más responderá por tus acciones cuando llegue el momento del juicio final. Tu labor en el mundo —en la esfera en la cual te ha colocado tu propio karma, es decir, el efecto de tus acciones pasadas— no puede ser desarrollada sino por una sola persona: tú mismo. Y tu trabajo puede ser llamado, en verdad, un «éxito» únicamente en la medida en que haya servido de alguna forma a tu prójimo.—Paramahansa Yogananda, *La ley del éxito*

Antes de comprometerte en cualquier tarea de trascendencia, siéntate serenamente, aquieta tus sentidos y tus pensamientos, y medita con profundidad; serás guiado entonces por el gran poder creador del Espíritu.

—Paramahansa Yogananda, *La ley del éxito*

Lleva a cabo tus tareas, tanto las de poca importancia como las de mayor trascendencia, con profunda atención, recordando que Dios guía y estimula todo esfuerzo digno que realizas para lograr tus nobles ambiciones.—Paramahansa Yogananda, *Lecciones de Self-Realization Fellowship*

Asumo más y más responsabilidades, pero nunca me siento agobiado, puesto que todo lo hago por Él.
—Paramahansa Yogananda, *La búsqueda eterna*

Viniste a la tierra con el objeto de llevar a cabo una misión divina [reunirte con Dios]. Toma conciencia de la tremenda importancia de este hecho. No permitas que el ego estrecho obstaculice tu logro de la meta infinita.
—Paramahansa Yogananda, *Máximas de Paramahansa Yogananda*

Si estamos en paz con nosotros mismos, nos será posible ejecutar nuestras tareas con total armonía, incluso en el ámbito de la plena actividad. Podremos alcanzar metas admirables en el mundo, sin tener necesariamente conflicto con los demás. Una vez finalizada la jornada, podremos retirarnos al interior de nuestro propio ser para estar de nuevo con Dios. Llegará el día en que, aun inmersos en el mundo de la intensa actividad, seremos capaces de cumplir con todos nuestros deberes a la vez que tenemos plena conciencia de la presencia de Dios. Si estamos en calma y en paz, sin importar lo que suceda —ya sea que alcancemos el éxito o que aparentemente fracasemos—, nos mantendremos ecuánimes, pues abrigaremos la certeza de que es la voluntad divina la que se está llevando a cabo.—Rajarsi Janakananda, *Rajarsi Janakananda: A Great Western Yogi*

Acepta los cambios con ecuanimidad, y desarrolla, con una actitud de divina libertad, cualquier tarea que se presente en tu camino.

Si Dios me dijese hoy mismo: «*¡Vuelve a casa!*», yo abandonaría, sin una sola mirada retrospectiva, todas mis obligaciones presentes —organización, construcciones, proyectos, gentes— y me apresuraría a obedecerle. El sostenimiento del mundo es responsabilidad del Señor; Él es el Hacedor, no tú ni yo.—Paramahansa Yogananda, *Máximas de Paramahansa Yogananda*

Primero medita y siente la presencia del Señor; desempeña luego tus labores saturado de la conciencia divina. De este modo, jamás te sentirás cansado. Si trabajas por tu Bienamado Divino, tu vida se colmará de amor y fortaleza.—Paramahansa Yogananda, *Lecciones de Self-Realization Fellowship*

Continuaremos apareciendo en este escenario de la vida, una y otra vez, hasta que seamos tan buenos actores que podamos desempeñar nuestros papeles a la perfección, en conformidad con la Voluntad Divina. Entonces Él nos dirá: «Ya no necesitas salir más al escenario (*Apocalipsis* 3:12). Has cumplido con mi Voluntad. Has desempeñado tu papel, y has actuado bien. Venciste el miedo. Y has vuelto a Mí para ser columna inmortal en el templo de mi Eterna Existencia».—Paramahansa Yogananda, *La búsqueda eterna*

Estás castigando a tu alma al mantenerla sepultada en el letargo de la materia, vida tras vida, atemorizada por las pesadillas del sufrimiento y la muerte. ¡Toma conciencia de que eres el alma! Recuerda que el Sentimiento que mora en el fondo de tu sentimiento, la Voluntad que se halla en el fondo de tu voluntad, el Poder que se encuentra en el fondo de tu poder, la Sabiduría que yace en el fondo de tu sabiduría, es el Señor Infinito. Une, en un equilibrio perfecto, el sentimiento del corazón con la facultad de raciocinio de tu mente. En el castillo de la calma, desecha una y otra vez tu identificación con los títulos terrenales y sumérgete en la meditación profunda para tomar conciencia de tu realeza divina.—Paramahansa Yogananda, *La búsqueda eterna*

No perdamos el tiempo en nimiedades. Naturalmente, es más fácil obtener de Dios otros dones, en lugar del supremo don de Sí Mismo. Pero no debemos dejarnos satisfacer con nada inferior a lo más elevado.—Paramahansa Yogananda, *Cómo conversar con Dios*

Si los demás desperdician el tiempo, tú entrégate por completo a Dios. De ese modo progresarás. Deja que tu ejemplo transforme la vida de otras personas. Refórmate y reformarás a miles.—Paramahansa Yogananda, *Rajarsi Janakananda: A Great Western Yogi*

Por medio de la llave de *Kriya*, quienes no pueden llegar a creer en la divinidad de ningún hombre reconocerán, al fin, la plenitud de la divinidad de su propio ser.—Paramahansa Yogananda, *Autobiografía de un yogui*

Mahasamadhi de Lahiri Mahasaya

A las diez de la mañana, al día siguiente de que el cuerpo de Lahiri Mahasaya fuera consagrado a las llamas, el maestro resurrecto, en un cuerpo real pero transfigurado, se le apareció a cada uno de ellos [a tres discípulos] en ciudades diferentes.

«Y cuando este ser corruptible se revista de incorruptibilidad y este ser mortal se revista de inmortalidad, entonces se cumplirá lo que está escrito: La muerte ha sido devorada por la victoria. ¿Dónde está, oh muerte, tu victoria? ¿Dónde está, oh muerte, tu aguijón?» (*I Corintios* 15:54-55).—Paramahansa Yogananda, *Autobiografía de un yogui*

La luz de una sola luna disipa la oscuridad de los cielos. Lo mismo ocurre con un alma que ha sido entrenada para conocer a Dios, un alma que posee verdadera devoción, y cuya búsqueda es sincera e intensa: dondequiera que vaya, esa alma disipará las tinieblas espirituales de los demás.—Paramahansa Yogananda, *La búsqueda eterna*

Deberías transferir tu atención del fracaso al éxito, de las preocupaciones a la calma, de las divagaciones mentales a la concentración, de la inquietud a la paz, y de la paz a la divina dicha interior. Cuando alcances este último estado de realización espiritual, habrás cumplido gloriosamente con el propósito de tu vida.—Paramahansa Yogananda, *La ley del éxito*

Medita incesantemente, para que pronto puedas contemplarte como la Esencia Infinita, libre de todo infortunio. Deja de ser prisionero del cuerpo; usando la llave secreta de *Kriya*, aprende a escapar hacia el Espíritu.—Lahiri Mahasaya, *citado en Autobiografía de un yogui*

Natalicio de Lahiri Mahasaya

Yo estoy siempre con quienes practican *Kriya*. Y los guiaré al Hogar Cósmico, a través de sus percepciones espirituales en continua expansión.—Lahiri Mahasaya, *citado en Autobiografía de un yogui*

Mahavatar Babaji le dijo a Lahiri Mahasaya: «Los millones de seres humanos que se encuentran atados con los lazos de familia y las pesadas labores del mundo recobrarán el ánimo por medio de tu ejemplo, ya que eres un jefe de familia, como ellos. [...] Un dulce y nuevo aliento de divina esperanza penetrará los corazones de los hombres mundanos. Observando tu equilibrada vida, comprenderán que la liberación depende más del renunciamiento interior que del exterior.—Mahavatar Babaji, *citado en Autobiografía de un yogui*

No es a través de los esfuerzos espirituales inconstantes, sino mediante la perseverancia y llevando una vida equilibrada, como recibirás las bendiciones de los Maestros. De ese modo las fuerzas del mal jamás te usarán como su instrumento.—Paramahansa Yogananda, *pasaje de una charla a sus discípulos*

Cuando trabajas para Dios, y no para ti mismo, tu acción es tan positiva como la meditación. Entonces el trabajo te ayuda a meditar, y la meditación te ayuda a trabajar; necesitas del equilibrio. Si te dedicas exclusivamente a la meditación, te volverás perezoso, y si te dedicas exclusivamente a la actividad, tu mente se tornará mundana y te olvidarás de Dios.—Paramahansa Yogananda, *Máximas de Paramahansa Yogananda*

No le concedas importancia a lo que no es importante, ni te concentres en trivialidades a costa de lo
que es vital, ya que así impedirás tu progreso espiritual.
Las acciones irreflexivas que están en desacuerdo con
nuestros genuinos deberes son indeseables.—Paramahansa Yogananda, *citado de un Para-gram*

Tanto si estás sufriendo en esta vida, como si sonríes establecido en la opulencia y el poder, tu conciencia debe permanecer inmutable. Si eres capaz de alcanzar la ecuanimidad, nada podrá herirte jamás. La vida de todos los grandes maestros demuestra que ellos alcanzaron ese bendito estado.—Paramahansa Yogananda, *La búsqueda eterna*

Mantendré siempre una actividad serena y una serenidad activa. No dejaré que se apodere de mí la pereza, ni me anquilosaré mentalmente. Mas tampoco me entregaré a una actividad excesiva: capaz de ganar dinero pero incapaz de disfrutar de la vida. Meditaré regularmente para mantener un auténtico equilibrio.—Paramahansa Yogananda, *Meditaciones metafísicas*

Lo material y lo espiritual no son sino dos partes de un solo universo y una sola verdad. Al dar preponderancia a una parte, el ser humano no logra el equilibrio necesario para un desarrollo armonioso. [...] Practica el arte de vivir en este mundo sin perder tu paz interior. Sigue el sendero del equilibrio para alcanzar el maravilloso jardín interno de la percepción de tu Ser espiritual.—Paramahansa Yogananda, *citado de un Para-gram*

No confundas el saber con la posesión de un amplio vocabulario. La lectura de las sagradas escrituras es beneficiosa, ya que estimula el deseo de alcanzar la realización interna, siempre que se lea sólo una estrofa a la vez, procurando asimilarla lentamente. De otro modo, es posible que un estudio intelectual constante no aporte sino vanidad, falsa satisfacción y un conocimiento mal asimilado.—Swami Sri Yukteswar, *citado en Autobiografía de un yogui*

Aun cuando debas permanecer en el mundo, no pertenezcas a él. Los verdaderos yoguis pueden hablar y relacionarse con la gente, mas sus mentes se encuentran siempre absortas en Dios.—Paramahansa Yogananda, *Lecciones de Self-Realization Fellowship*

Millones de personas llevan una vida unilateral y mueren insatisfechas. Dios nos ha concedido a cada uno de nosotros un alma, una mente y un cuerpo, los cuales debemos tratar de desarrollar de manera uniforme. Si has llevado una existencia dominada por las influencias mundanas, no permitas más que el mundo continúe imponiéndote su ilusión. De ahora en adelante debes controlar tu vida; debes convertirte en el soberano de tu reino mental. Los temores, las preocupaciones, la insatisfacción y la infelicidad son el resultado de una existencia que no ha sido guiada por la sabiduría.—Paramahansa Yogananda, *Lecciones de Self-Realization Fellowship*

Contempla al miedo de frente y dejará de molestarte.—Swami Sri Yukteswar, *citado en Autobiografía de un yogui*

Ahora sé que soy un león de poder cósmico y, en vez de balar, estremezco la selva del error con repercusiones de tu voz omnipotente. En divina libertad salto a través de la jungla de los engaños terrenales, devorando a las pequeñas bestias de las timideces y preocupaciones exasperantes, y a las hienas salvajes de la incredulidad.

¡Oh León de la Liberación, lanza siempre a través de mí tu rugido del valor que todo lo vence!—Paramahansa Yogananda, *Susurros de la Madre Eterna*

Enséñame a actuar con valor, en forma tenaz y prudente, en lugar de dejarme dominar a menudo por el miedo. No le temeré a nada sino a mí mismo, en los momentos en que intento engañar a mi conciencia.—Paramahansa Yogananda, *Meditaciones metafísicas*

En la educación escolar no se enfatiza lo suficiente la necesidad de ejercitar el valor para formar el carácter. Debemos aprender a *soportar* las circunstancias. Y el único modo es aprendiendo a sobrellevarlas. Al manifestar valor contemplamos el resplandeciente triunfo del alma sobre el cuerpo.—Sri Gyanamata, *God Alone: The Life and Letters of a Saint*

No consideres los sucesos de la vida demasiado en serio. Sobre todo, no permitas que te lastimen, porque en realidad no son sino experiencias oníricas. [...] Si las circunstancias son desfavorables y debes soportarlas, no las conviertas en parte de ti mismo. Desempeña tu papel en la vida, pero jamás olvides que se trata sólo de un papel. Lo que pierdas en el mundo no constituirá una pérdida para tu alma. Confía en Dios y destruye el miedo, pues éste paraliza todos tus esfuerzos por alcanzar el éxito y atrae exactamente aquello que temes.—Paramahansa Yogananda, *citado de un Para-gram*

Me río de todos mis temores, pues mi Padre-Madre, mi bienamado Dios, está atentamente despierto y presente en todas partes con el propósito deliberado de protegerme de las tentaciones del mal.—Paramahansa Yogananda, *Meditaciones metafísicas*

La ausencia de temor significa fe en Dios: fe en su protección, en su justicia, en su sabiduría, en su misericordia, en su amor y en su omnipresencia. [...] Para poder conocer a Dios, el hombre debe estar libre de temor.—Paramahansa Yogananda, *God Talks With Arjuna: The Bhagavad Gita*

El devoto sensato no debe albergar temor, sino más bien ser prudente. Debe cultivar un espíritu valeroso, sin exponerse imprudentemente a condiciones que puedan despertarle aprensión.—Paramahansa Yogananda, *revista Self-Realization*

En tu nombre he derramado mi sangre, y por amor a tu divino Nombre estaré siempre dispuesto a derramarla. Cual herculeo guerrero, con los miembros ensangrentados, el cuerpo lacerado, el honor agraviado, y llevando una corona de espinas de escarnio continuaré luchando sin desmayar. Luzco mis cicatrices como rosas —símbolo de mi valor y aliento para perseverar en la batalla contra el mal.

En mis brazos que extiendo para ayudar a los demás, podré continuar recibiendo golpes y obtener persecución en lugar de amor. Pero mi alma buscará siempre la tibieza del sol de tus bendiciones, ¡oh Señor! Tú diriges las campañas de tus soldados que conquistan para Ti el territorio de los corazones humanos, oprimidos ahora por la tristeza.—Paramahansa Yogananda, *Susurros de la Madre Eterna*

Nada temas; teme solamente al temor. [...] Recuerda que no importa cuáles sean las pruebas que se te presenten, jamás serás tan débil que no puedas afrontarlas. Dios no permitiría que fueses sometido a una tentación mayor que tu capacidad de resistirla.—Paramahansa Yogananda, *revista Self-Realization*

La inquietud es la mayor de todas las tentaciones. Es malévola porque mantiene tu atención atrapada en las cosas del mundo y, por consiguiente, te hace permanecer ignorante de Dios. Si meditas regularmente, estarás con Dios en todo momento.—Paramahansa Yogananda, *Lecciones de Self-Realization Fellowship*

El mal tiene su poder: si lo toleras a tu lado, hará presa de ti. Cuando quiera que caigas en el error, retorna inmediatamente al sendero correcto.—Paramahansa Yogananda, *Máximas de Paramahansa Yogananda*

Cuando permites que la tentación se apodere de ti, tu sabiduría se convierte en prisionera. La manera más efectiva de vencer la tentación consiste en primero decir «no» y retirarse de ese ambiente específico; luego, reflexiona cuando te encuentres calmado y la sabiduría haya retornado a ti.—Paramahansa Yogananda, *Lecciones de Self-Realization Fellowship*

Los deseos son los más inexorables enemigos del hombre; él es incapaz de apaciguarlos. Alberga un solo anhelo: el de conocer a Dios. La satisfacción de los deseos sensoriales no puede contentarte, pues tú no eres los sentidos; ellos son sólo tus servidores, y no tu verdadero Ser.—Paramahansa Yogananda, *Máximas de Paramahansa Yogananda*

La tentación no es una creación nuestra; pertenece al mundo de *maya* (la ilusión), y todos los hombres están sujetos a ella. Sin embargo, para que nos fuese posible liberarnos, Dios nos dotó de razón, conciencia y fuerza de voluntad.—Paramahansa Yogananda, *La búsqueda eterna*

La tentación no sólo significa cometer un acto erróneo desde el punto de vista material o moral; consiste también en olvidar el alma al encontrarte demasiado absorto en el cuerpo y sus comodidades.—Paramahansa Yogananda, *Lecciones de Self-Realization Fellowship*

La tentación es veneno recubierto de azúcar; su sabor es delicioso, pero la muerte es segura. La felicidad que la gente busca en este mundo no es perdurable. El gozo divino es eterno. Anhela aquello que perdura, y sé inflexible en rechazar los placeres temporales de la vida. Así es como debes ser; no permitas que el mundo te gobierne. Jamás olvides que el Señor es la única realidad. [...] Tu auténtica felicidad yace en tu experiencia de Dios.—Paramahansa Yogananda, *La búsqueda eterna*

¿Te encontrarás mañana mejor capacitado para luchar contra ellos [los malos hábitos] de lo que te encuentras hoy? ¿Por qué agregar los errores de hoy a los de ayer? Tendrás que volverte hacia Dios alguna vez; ¿no es entonces preferible que lo hagas ahora mismo? Entrégate simplemente a Él y dile: «Señor, bueno o malo, soy tu hijo: Tú tienes que hacerte cargo de mí». Si perseveras en tu intento, progresarás. «Un santo no es sino un pecador que jamás se dio por vencido».—Paramahansa Yogananda, *Máximas de Paramahansa Yogananda*

Recuerda que, como hijo de Dios, estás dotado de una fortaleza más grande que la que pudieras necesitar para salir triunfante de todas las pruebas que Dios te envíe.—Paramahansa Yogananda, *La búsqueda eterna*

El tratamiento ortodoxo tradicional que se le da a la tentación consiste en negar su existencia, en reprimirla. Sin embargo, lo que es preciso hacer es aprender a *controlar* esa tentación. No es un pecado ser tentado, y, aunque estés ardiendo de tentación, no significa que seas malo; sin embargo, si sucumbes a ella, quedarás temporalmente atrapado por la fuerza del mal. Debes construir en torno a ti parapetos protectores de sabiduría, pues no existe mayor fuerza que puedas utilizar contra la tentación que la sabiduría. El entendimiento perfecto te llevará a aquel punto en que nada podrá tentarte a cometer actos que te prometen placer, pero que al final sólo te causarán daño.—Paramahansa Yogananda, *Lecciones de Self-Realization Fellowship*

Cuando, debido a nuestros pensamientos equivocados, caemos en la fosa del error, debemos orar: «Padre, no nos dejes aquí, sino ayúdanos a salir mediante la fuerza de nuestra razón y de nuestra voluntad. Y cuando nos hallemos fuera, si es tu voluntad continuar probándonos, haz que podamos primero conocerte y saber así que Tú eres más tentador que toda tentación».—Paramahansa Yogananda, *La búsqueda eterna*

PENSAMIENTO INSPIRATIVO PARA EL MES DE NOVIEMBRE

Con motivo del «Día de acción de gracias», el cual se celebra en EE.UU. a fines de noviembre

*D*iariamente, y no sólo cuando el calendario indique que es Día de acción de gracias, muéstrate agradecido por las numerosas bendiciones que recibes. El motivo de tu gratitud no debe ser la prosperidad material. Bien sea que tengas muchas posesiones materiales o no, cuentas siempre con la riqueza de los dones de Dios. Ámale, mas no por las cosas que Él pudiera concederte, sino porque se entrega a ti como tu Padre Celestial.—Paramahansa Yogananda, *revista Self-Realization*

En la vida espiritual, uno llega a ser semejante a un niño pequeño, carente de todo resentimiento y de todo apego, lleno de vida y de gozo.—Paramahansa Yogananda, *Máximas de Paramahansa Yogananda*

Canto un himno que ninguna otra voz ha entonado.
[...] A Ti, ¡oh Espíritu!, no te ofrezco un aria intelectual, premeditada y pulimentada, sino sólo la melodía
virgen de mi corazón. No tengo para Ti flores de invernadero regadas con esmeradas emociones, sino sólo las raras flores silvestres que espontáneamente crecen en las
más elevadas regiones de mi alma.—Paramahansa Yogananda, *Susurros de la Madre Eterna*

¿Por qué otorgas tanta importancia a meras trivialidades? La mayoría de la gente se concentra en el desayuno, el almuerzo, la cena, el trabajo, las actividades sociales, y así sucesivamente. Simplifica tu vida y pon toda tu mente en el Señor.—Paramahansa Yogananda, *Cómo conversar con Dios*

El manifestarle al Señor que deseamos algo determinado no constituye un error, pero demuestra mayor fe quien afirma simplemente: «Padre Celestial, yo sé que Tú te anticipas a todas mis necesidades; susténtame según tu voluntad».—Paramahansa Yogananda, *Máximas de Paramahansa Yogananda*

Piensas que debes tener esto o aquello y que entonces podrás ser feliz. Y, no obstante, no importa cuántos deseos tuyos se satisfagan, nunca hallarás la felicidad a través de ellos. Cuanto más poseas, más querrás tener. Aprende a llevar una vida simple. El Señor Krishna dijo: «La mente de aquél cuyos deseos fluyen constantemente hacia el interior está plena de satisfacción. Ese hombre es cual un océano inmutable que permanece colmado con las aguas que constantemente lo alimentan. No es un *muni* aquel que perfora su reservorio de paz con agujeros de deseos y permite que las aguas escapen».—Paramahansa Yogananda, *La búsqueda eterna*

A mi maestro, Sri Yukteswarji, no le gustaba hablar sobre los reinos suprafísicos. Su única «mágica» aura estaba constituida por una simplicidad absoluta. En su conversación evitaba hacer referencias sorprendentes, y en la acción era siempre expresivo y libre.—Paramahansa Yogananda, *Autobiografía de un yogui*

Dios me ha demostrado que, cuando Él está conmigo, todas las «necesidades de la vida» se vuelven innecesarias. En ese estado de conciencia, eres más sano que una persona corriente, más gozoso, más agraciado en todos los aspectos. No busques las cosas triviales, ya que sólo te apartarán de Dios. Comienza tu experimento ahora mismo: simplifica tu vida y conviértete en un rey.—Paramahansa Yogananda, *La búsqueda eterna*

Todo tiene su lugar, pero desperdiciar el tiempo a costa de tu verdadera felicidad no es beneficioso. Yo abandoné todas las actividades innecesarias para poder meditar y tratar de conocer a Dios, de modo que me fuera posible permanecer inmerso día y noche en la conciencia divina.—Paramahansa Yogananda, *revista Self-Realization*

Le concedemos demasiada importancia al sentimiento, aun cuando hayamos de admitir que un sentimiento acertado es muy agradable. ¿Qué importa cómo te sientas? Soporta tus circunstancias por tanto tiempo como sea la voluntad de Dios. Actúa en forma correcta y a su debido tiempo el sentimiento apropiado de paz y de gozo se presentará.—Sri Gyanamata, *God Alone: The Life and Letters of a Saint*

Es maravilloso estar sintonizado con Dios y confiar en Él, sin reserva alguna, sintiéndote satisfecho dondequiera que Él te coloque y sin importar lo que haga contigo, aceptando todo con humildad y devoción.—Paramahansa Yogananda, *revista Self-Realization*

¡Desarrolla la devoción! Recuerda las palabras de Jesús: «Padre, has ocultado estas cosas a los sabios y prudentes, y se las has revelado a los niños».—Paramahansa Yogananda, *Máximas de Paramahansa Yogananda*

Dios dice: «Ante el llamado devocional de aquel hijo Mío que se esfuerza, ora y medita con el fin de conocerme —en cuerpo, mente y alma— como gozo perpetuamente renovado que todo lo penetra, como la siempre creciente bienaventuranza de la meditación, Yo respondo silenciosa y profundamente».—Paramahansa Yogananda, *Lecciones de Self-Realization Fellowship*

El Buscador de Corazones sólo anhela tu amor sincero. Él es como un niño pequeño: puedes ofrecerle todas tus riquezas y no las querrá; pero si alguien clama por Él, diciéndole: «¡Oh, Señor, te amo!», corre presuroso hacia el corazón de ese devoto.

No busques a Dios con un fin secundario; por el contrario, eleva a Él tus oraciones con una devoción incondicional, concentrada y constante. Cuando tu amor al Señor sea tan grande como el apego a tu cuerpo mortal, Él vendrá a ti.—Paramahansa Yogananda, *La búsqueda eterna*

Recuerda que en tu poder de voluntad se halla la voluntad de Dios. En tu corazón, no debes amar nada más que a Dios, porque Él es un Dios «celoso». Si le quieres, debes tener la voluntad de arrancar de tu corazón todo deseo que no sea el deseo de conocerle.—Paramahansa Yogananda, *Lecciones de Self-Realization Fellowship*

La única oración eficaz es aquella en la que tu alma arde con el deseo de conocer a Dios. Sin duda, has orado de ese modo en algún momento de tu vida; tal vez cuando querías desesperadamente algo o, quizá, cuando necesitabas dinero urgentemente. En aquellas ocasiones, eras capaz de «abrasar» el éter con la intensidad de tu deseo. Así es como debes sentir con respecto al Señor. Háblale día y noche, y verás que Él responde.—Paramahansa Yogananda, *La búsqueda eterna*

Ama a Dios, conversa con Él en cada instante de tu existencia, ya sea durante la actividad o el silencio, mediante la oración profunda y el incesante anhelo de tu corazón: entonces verás desvanecerse la cortina del engaño. Aquel que se encuentra jugando a esconderse en la belleza de las flores, en las almas, en la pasiones nobles y en los sueños, se te revelará, diciendo: «Tú y Yo hemos estado separados durante largo tiempo, porque Yo anhelaba que me brindaras tu amor espontáneamente. Has sido hecho a mi imagen y deseaba saber si harías uso de tu libertad para entregarme tu amor».—Paramahansa Yogananda, *La búsqueda eterna*

No deberías concentrarte en la idea de que careces de devoción, sino que, por el contrario, deberías luchar por desarrollarla. ¿Por qué has de desanimarte ante el hecho de que Dios no se te haya revelado? Piensa en todo el largo tiempo durante el cual tú le has ignorado. Medita más, profundiza más [...]. Al modificar tus hábitos, habrás de despertar en tu corazón el recuerdo del maravilloso Ser Divino, y una vez que le conozcas, sin duda alguna le amarás.—Paramahansa Yogananda, *Máximas de Paramahansa Yogananda*

El corazón del devoto sincero repite sin cesar: «Señor, Señor, no quiero permanecer atrapado en el drama ilusorio de tu creación. No deseo participar de él, excepto para ayudar a establecer tu templo en las almas de los seres humanos. Mi corazón, mi alma, mi cuerpo y mi mente —todo te pertenece a Ti—». Tal devoción conmueve a Dios. Ese devoto conoce a Dios.—Paramahansa Yogananda, *revista Self-Realization*

No le digas a nadie cuán profundamente amas a Dios. El Señor del Universo conoce tu amor; no lo exhibas ante los demás, pues podrías perderlo.—Paramahansa Yogananda, *La búsqueda eterna*

Para encontrar al Señor se requiere de una devoción incesante. Cuando desees sólo al Dador y no sus dones, Él vendrá a ti.—Paramahansa Yogananda, *revista Self-Realization*

Cada día debes agradecer los dones de la vida: la luz del sol, el agua, los suculentos frutos y hortalizas —regalos indirectos del Gran Dador—. Dios nos hace esforzarnos para que seamos dignos de recibir sus regalos. El Ser que todo lo provee y lo posee no necesita de nuestra gratitud, por sincera que sea. Mas, cuando le mostramos agradecimiento, nuestra atención se concentra, para nuestro supremo beneficio, en la Grandiosa Fuente de todo cuanto necesitamos.—Paramahansa Yogananda, *revista Self-Realization*

Nuestros seres queridos prometen amarnos para siempre, pero cuando se sumergen en el Gran Silencio, dejando atrás todos los recuerdos de la tierra, ¿qué valen sus promesas? ¿Quién, sin decírnoslo con palabras, nos ama eternamente? ¿Quién se acuerda de nosotros cuando todos los demás nos olvidan? ¿Quién permanecerá a nuestro lado cuando tengamos que dejar a los amigos de este mundo? ¡Sólo Dios!—Paramahansa Yogananda, *Susurros de la Madre Eterna*

Cuando el verano de la buenaventura prodiga su calor al árbol de mi vida, éste se cubre fácilmente de fragantes flores de gratitud. Permite, ¡oh Señor!, que en los meses invernales del infortunio, emane incesantemente de mis desnudas ramas un aroma secreto de agradecimiento que llegue hasta Ti.—Paramahansa Yogananda, *Susurros de la Madre Eterna*

La acción de gracias y las reverentes alabanzas al Señor abren, en tu conciencia, la vía por donde el progreso espiritual y la providencia divina pueden llegar a ti. El Espíritu se proyecta a sí mismo, manifestándose en forma visible, apenas se abre un canal a través del cual pueda fluir. Deberías mostrarte siempre agradecido por todo lo que se presente. Comprende que la capacidad de pensar, hablar y actuar proviene de Dios, y que Él se encuentra ahora mismo junto a ti, inspirándote y guiándote.

—Paramahansa Yogananda, *en un mensaje con motivo del «Día de acción de gracias»*

En uno de sus aspectos —un aspecto muy conmovedor— se puede decir que el Señor es un mendigo. Él suspira por conquistar nuestra atención. El Amo del Universo, ante cuya mirada todas las estrellas, soles, lunas y planetas tiemblan, persigue constantemente al hombre, y le dice: «¿No me darás tu afecto? ¿No me amas a Mí, el Dador, más que a todas las cosas que he creado para ti? ¿No habrás acaso de buscarme?».

Pero el hombre responde: «Estoy demasiado ocupado ahora; tengo mucho trabajo. No puedo darme tiempo para buscarte». Y el Señor afirma: «Esperaré...».—Paramahansa Yogananda, *Máximas de Paramahansa Yogananda*

Extendemos nuestras manos para recibir los divinos presentes de la vida, del sol, del alimento y de todas las demás cosas que Él nos brinda, pero, incluso al recibirlas, no pensamos en el Dador. Si con todo tu amor hubieras hecho regalos a alguien, y descubrieras luego que esa persona nunca se acuerda de ti, ¡qué herido te sentirías! Pues bien, Dios se siente de la misma manera.—Paramahansa Yogananda, *La búsqueda eterna*

La India nos ha aportado a través de Paramahansa Yogananda —uno de sus grandes maestros— el inapreciable conocimiento de la percepción del alma. ¡Cuán agradecidos deberíamos sentirnos hacia esa nación cuyos hombres más notables han ofrecido sus vidas y han renunciado a todo, a lo largo de las centurias, con el objeto de explorar las divinas potencialidades del ser humano! Lo que la India nos ha proporcionado hoy en las enseñanzas de Paramahansaji es más valioso que cualquier otra cosa con la que pudiéramos retribuir a ese pueblo. En la actualidad, el hombre occidental se halla sumamente necesitado de una técnica espiritual que pueda usar para desarrollar los recursos de su alma. Esa técnica es *Kriya Yoga*, una antigua ciencia que, por vez primera, nos ha traído un maestro de la India.—Rajarsi Janakananda, *Rajarsi Janakananda: A Great Western Yogi*

Nada en el mundo extasía divinamente tanto como mi bienamado Dios. Bebo incesantemente de ese Néctar. «¡Oh añejo Vino de mi alma!, al beberte del océano que está en mí, comprendo que eres inagotable. Eres un cielo de felicidad que exhibe todas las estrellas del universo, las cuales palpitan por siempre en mi corazón».
—Paramahansa Yogananda, *en un mensaje con motivo del «Día de acción de gracias»*

Siempre, en el fondo de tu mente, susurra un silencioso canto devocional de amor a tu bienamado Padre Celestial, recordando que todas tus habilidades son dones que has recibido de Él.—Paramahansa Yogananda, *Lecciones de Self-Realization Fellowship*

¡Oh Padre! Cuando estaba ciego, no encontraba puerta alguna que condujera a Ti. Ahora que has sanado mis ojos, descubro puertas en todas partes: en el corazón de las flores, en las voces de la amistad, en el recuerdo de experiencias agradables. Cada ráfaga de mi oración abre una nueva entrada al espacioso templo de tu presencia.—Paramahansa Yogananda, *Susurros de la Madre Eterna*

PENSAMIENTO INSPIRATIVO PARA EL MES DE DICIEMBRE

La verdadera celebración de la Navidad consiste en la percepción de la Conciencia del Cristo en el interior de nuestro propio ser. Es de vital importancia para todo ser humano, cualquiera que sea su religión, experimentar dentro de sí mismo este «nacimiento» del Cristo universal.

El universo es el cuerpo de Cristo: la Conciencia Crística se halla presente en todas partes, sin limitación alguna. Cuando puedas cerrar los ojos y, por medio de la meditación, expandir tu conciencia hasta sentir el universo entero como tu propio cuerpo, Cristo habrá nacido en tu interior. Sabrás entonces que tu mente es una pequeña ola de ese océano de la Conciencia Cósmica en la cual Cristo mora.

Self-Realization Fellowship ha iniciado la costumbre de dedicar un día entero en la época de Navidad a la adoración de Cristo en meditación, y esta idea jamás se extinguirá. Al igual que en la sede central en Los Ángeles (California) celebramos espiritualmente el aniversario del nacimiento de Jesús con una meditación de un día completo, el 23 de diciembre, puedan todos los devotos de Cristo dedicar el día 23 para celebrar la Navidad en forma espiritual. Destina todo el día a meditar con intensidad siempre creciente. Luego, el 25 de diciembre, celebra la Navidad social, participando de las festividades de esta sagrada época con familiares y amigos.

Uno de los signos más alentadores de que en la actualidad se está produciendo un renacimiento espiritual en el mundo es la creciente disposición de los cristianos a recordar el nacimiento de Jesús por medio de estas prolongadas reuniones de meditación. Con el transcurso del tiempo, la costumbre espiritual de meditar en Navidad será adoptada por todos los cristianos —yo lo profetizo.—Paramahansa Yogananda, *revista Self-Realization*

El sendero espiritual es semejante al filo de una nava-ja, y no es en absoluto sencillo. El recogimiento es el precio de la grandeza y de la unión con Dios. Cuando me encuentro a solas, estoy con Dios; tú deberías hacer lo mismo.—Paramahansa Yogananda, *pasaje de una charla a sus discípulos*

No te relaciones con los demás demasiado íntimamente. Las amistades no nos satisfacen, a menos que estén cimentadas en el mutuo amor a Dios. Nuestro anhelo de comprensión y amor humano es en realidad el deseo del alma que ansía unirse a Dios. Cuanto más buscamos satisfacer dicho anhelo externamente, más difícil nos es encontrar al Divino Compañero.—Paramahansa Yogananda, *Máximas de Paramahansa Yogananda*

Mantén un diario de tu vida espiritual. Yo solía anotar diariamente cuánto tiempo había dedicado a la meditación, y con cuánta profundidad me había concentrado. Busca la soledad, en la medida en que te sea posible. No dediques tu tiempo libre a mezclarte con los demás, con fines meramente sociales. Es difícil encontrar el amor de Dios cuando permanecemos siempre acompañados.
—Paramahansa Yogananda, *La búsqueda eterna*

—Me marcho a las montañas, para estar a solas con Dios —le comunicó un estudiante a Paramahansa Yogananda.

—No podrás avanzar espiritualmente en esa forma —le respondió Paramahansaji—. Tu mente no se encuentra todavía preparada para concentrarse con profundidad en el Espíritu. Aun cuando permanezcas en una gruta, tus pensamientos girarán fundamentalmente en torno a los recuerdos de personas y de distracciones mundanas. El desempeño de tus deberes con alegría, aunado a la práctica diaria de la meditación, constituye el mejor sendero.—Paramahansa Yogananda, *Máximas de Paramahansa Yogananda*

Mientras no hayas encontrado a Dios, es preferible que no te intereses demasiado por las distracciones, ya que el buscar diversiones significa olvidarse de Él. Aprende, primero, a amarle y conocerle; entonces ya no importará lo que hagas, pues Dios jamás abandonará tu pensamiento.—Paramahansa Yogananda, *Máximas de Paramahansa Yogananda*

No te dediques a bromear continuamente con los demás. Sé gozoso y entusiasta en tu interior. ¿Por qué disipar en charlas vanas las percepciones que has alcanzado? Las palabras semejan balas; cuando desperdicias su energía en conversaciones ociosas, agotas tu provisión interna de municiones. Tu conciencia es como una cubeta de leche: cuando la colmas de paz a través de la meditación, debes mantenerla llena. El bromear constituye frecuentemente una falsa diversión, que perfora las paredes de tu vasija y deja que se escurra toda la leche de tu paz.—Paramahansa Yogananda, *pasaje de una charla a sus discípulos*

Recógete en tu interior. No lleves una vida sin rumbo, como le sucede a una gran cantidad de personas. Medita más y lee buenos libros. [...] Está bien, de vez en cuando, ir al cine y tener un poco de vida social, pero lo principal es que permanezcas solo y vivas en tu interior. [...] Disfruta de la soledad, pero cuando estés en compañía de otras personas irradia amor y amistad, de tal manera que ellas no puedan olvidarte y recuerden siempre que conocieron a alguien que las inspiró y que elevó sus pensamientos hacia Dios.—Paramahansa Yogananda, *La búsqueda eterna*

La verdadera práctica de la religión consiste en permanecer inmóvil en meditación y conversar con Dios. Pero tu intensidad no alcanza el grado necesario, ni te concentras lo suficiente, y por ello permaneces en el estado de engaño.—Paramahansa Yogananda, *La búsqueda eterna*

El silencio habitual de Sri Yukteswar era causado por su profunda percepción del Infinito. No le quedaba tiempo para las interminables «revelaciones» que ocupan los días de los instructores que no han experimentado la unión divina. Las escrituras hindúes dicen: «En los hombres superficiales, el pececillo de los pensamientos provoca mucho ruido; en las mentes oceánicas, las ballenas de la inspiración apenas si dejan estela».—Paramahansa Yogananda, *Autobiografía de un yogui*

Pon en práctica en la actividad y en tus conversaciones con los demás lo que aprendas al meditar; no permitas que nadie te arrebate tu estado de quietud, y conserva continuamente tu paz. [...] No desperdicies en conversaciones fútiles la energía y el invaluable tiempo que posees. Come en silencio y trabaja en silencio, pues Dios ama el silencio.—Paramahansa Yogananda, *Lecciones de Self-Realization Fellowship*

Edifica tu ambiente interior. ¡Practica el silencio! Recuerdo la maravillosa disciplina que nos proporcionaban los Grandes Maestros. Cuando solíamos charlar y parlotear, nos decían: «Regresen a su castillo interior». Era muy difícil entenderlo en aquellos momentos, pero ahora comprendo que nos estaban mostrando el camino hacia la paz.—Paramahansa Yogananda, *Lecciones de Self-Realization Fellowship*

Mi silencio, cual una esfera en expansión, se extiende por doquier.

Mi silencio se propaga cual una melodía de la radio: hacia arriba y hacia abajo, a la izquierda y a la derecha, interior y exteriormente.

Mi silencio se esparce como una hoguera de bienaventuranza; en él se incineran los matorrales de las tristezas y los altos robles del orgullo.

Mi silencio, como el éter, todo lo atraviesa, llevando consigo las canciones de la tierra, de los átomos y de las estrellas, a las estancias de la infinita mansión del Espíritu.—Paramahansa Yogananda, *Meditaciones metafísicas*

Antes de decidir cualquier asunto de trascendencia, siéntate en silencio, pidiéndole al Padre su bendición. Si obras así, en el fondo de tu poder actuará el poder de Dios; en el fondo de tu mente estará su mente; y en el fondo de tu voluntad, su voluntad.—Paramahansa Yogananda, *La ley del éxito*

De las profundidades del silencio, el manantial del divino gozo brota infaliblemente, anegando nuestro ser.—Paramahansa Yogananda, *Máximas de Paramahansa Yogananda*

A fin de atraer el conocimiento divino a nuestra conciencia humana debemos trascender el limitado concepto tradicional que las personas abrigan acerca de Cristo. Para mí, la Navidad significa magnificencia espiritual —sentir que nuestras mentes son un altar de Cristo, la Inteligencia Universal que se halla en toda la creación—. Jesús nació en un humilde pesebre, pero el Espíritu de Cristo es omnipresente.—Paramahansa Yogananda, *revista Self-Realization*

Me prepararé para la venida del niño Cristo omni-presente, limpiando la cuna de mi conciencia, que se encuentra cubierta por el óxido del egoísmo, la indiferencia y el apego a los sentidos; la puliré practicando diaria y profundamente la meditación en Dios, la introspección y el discernimiento. Remodelaré esa cuna con las resplandecientes cualidades del amor fraternal del alma, la humildad, la fe, el deseo de alcanzar la unión divina, la fuerza de voluntad, el autocontrol, la abnegación y la generosidad, para poder celebrar adecuadamente el nacimiento del niño Dios.—Paramahansa Yogananda, *Meditaciones metafísicas*

Cristo nace en la cuna de la ternura. El poder del amor es mucho mayor que el del odio. Todo lo que digas, exprésalo con amor. No lastimes a nadie, ni juzgues a los demás. No odies a persona alguna; ama a todos y contempla a Cristo en ellos. Piensa en cada cosa como parte de un todo universal.—Paramahansa Yogananda, *revista Self-Realization*

Eleva tu mirada y concéntrate en tu interior. Contempla la estrella astral de la sabiduría divina y deja que los pensamientos sabios que albergas sigan esa estrella telescópica, para descubrir al Cristo en todo.

En esa tierra de Navidad eterna, donde mora la gozosa y omnipresente Conciencia Crística, encontrarás a Jesús, a Krishna, a los santos de todas las religiones y a los grandes gurús-preceptores, quienes están esperándote allí para brindarte una divina recepción floral de felicidad eterna.—Paramahansa Yogananda, *Meditaciones metafísicas*

¿Volverá Jesús de nuevo? Desde el punto de vista metafísico, él es ya omnipresente: te sonríe en cada flor y siente su cuerpo cósmico en cada átomo del espacio. Cuando sopla el viento, está exhalando el aliento de Jesús; mediante su identificación con la divina Conciencia Crística, él se halla encarnado en todo cuanto vive. Si tienes ojos para ver, encontrarás a Jesús entronizado en toda la creación.—Paramahansa Yogananda, *La búsqueda eterna*

Existe una enorme diferencia entre la imaginación y la comunión con Dios. Mediante tu imaginación puedes tener cada día sueños y visiones subconscientes de Cristo. Pero tales experiencias no significan que estés realmente en contacto con él. La verdadera visitación de Jesús consiste en comulgar con la Conciencia Crística. Si te hallas en sintonía con ese Cristo, tu vida entera se transformará.

—Paramahansa Yogananda, *revista Self-Realization*

¡Oh Cristo!, toma posesión de mi corazón y de mi mente. Renace en mí como amor por todos los seres humanos. Pueda tu conciencia —presente en cada átomo— manifestarse en mí como lealtad incondicional hacia el Gurú y los Grandes Maestros, y hacia ti, ¡oh bendito Jesús!, y hacia el Ser Supremo que es el Padre de todos.—Paramahansa Yogananda, *revista Self-Realization*

Por medio de tus cantos y la devoción de tu corazón persuade a Cristo para que venga hoy a ti, y continúa atrayéndole mediante tu cada vez más profunda comunión espiritual. Con toda la intensidad de tu fervor y percepción interna, sumerge tu conciencia en la dicha interior. Olvida el tiempo, y cuando sientas que el gozo se expande dentro de ti, comprenderás que Cristo está escuchando tu canto. Si te concentras únicamente en las palabras, no podrás identificarte con Cristo, pero si el gozo canta en tu interior, sabrás que Cristo está escuchándote.—Paramahansa Yogananda, *revista Self-Realization*

Mediante la transparencia de mi más profunda meditación recibiré en todo mi ser la luz del Padre. Al recibir a Dios plenamente en mi alma, en mi conciencia expandida por medio de la meditación, seré un hijo de Dios, al igual que Jesús. Seguiré a los pastores de la fe, la devoción y la meditación que me conducirán a través de la estrella de la sabiduría interior hasta el Cristo omnipresente.—Paramahansa Yogananda, *revista Self-Realization*

Todos mis pensamientos están adornando el árbol de Navidad de la meditación, con las exquisitas ofrendas de la devoción, atadas con la dorada cinta de las oraciones nacidas de mi corazón, para que Cristo venga y acepte mis humildes obsequios.

Me uniré mentalmente a la adoración en todos los templos, mezquitas e iglesias, y percibiré así el nacimiento de la Conciencia del Cristo universal como paz en el altar de todos los corazones devotos.—Paramahansa Yogananda, *Meditaciones metafísicas*

Que el espíritu navideño que hoy sientes no termine con el día, sino que te acompañe todas las noches al meditar. De esa manera, en medio del silencio de tu mente, cuando hayas alejado de ella todos sus pensamientos inquietos, vendrá a ti la Conciencia Crística. Si todos seguimos el espíritu de Jesús, sentiremos sin falta, y cada día, su presencia dentro de nosotros.—Paramahansa Yogananda, *La búsqueda eterna*

Y así, alma amada, mi Navidad continuará para siempre con un gozo imperecedero que crece incesantemente. Si este gozo tuviera límites, como los tiene la felicidad mundana, llegaría el momento en que se extinguiría; pero ningún santo podrá jamás agotar la bienaventuranza siempre nueva que es Dios.—Paramahansa Yogananda, *La búsqueda eterna*

Al labrar y sembrar la tierra con el fin de obtener una cosecha, se requiere de paciencia para destruir todas las malezas inútiles; y es necesario esperar, aun cuando la tierra entonces parezca estéril, hasta que las buenas semillas ocultas germinen y se transformen en plantas. Ahora bien, se precisa de una paciencia aún mayor para despejar el campo de la conciencia, que se halla invadido por las malezas de los inútiles apegos a los placeres sensoriales, las cuales son sumamente difíciles de arrancar. No obstante, una vez que el campo de la conciencia está despejado y ha sido sembrado con las semillas de las buenas cualidades, brotan las plantas de las nobles actividades, produciendo una abundante cosecha de frutos de felicidad verdadera. Por encima de todo, sé paciente al buscar la comunión con Dios a través de la meditación profunda y al tratar de conocer tu alma indestructible, oculta en el interior de tu perecedero cuerpo terrenal.—Paramahansa Yogananda, *citado de un Para-gram*

En verdad, aquello que anhelas está contigo todo el tiempo, y se halla más cerca de ti que tus manos o tus pies. En cualquier instante puede elevarte por encima del mundo y de la depresión personal. Espera pacientemente por Él.—Sri Gyanamata, *God Alone: The Life and Letters of a Saint*

No esperes flores espirituales diariamente. Siembra la semilla, riégala con tus plegarias y el esfuerzo apropiado, y cuando el brote se presente, cuida de tu planta, arrancando las malezas de la duda, la indecisión y la indiferencia que pudieran germinar a su alrededor. Y un día, de manera súbita, contemplarás la flor espiritual de tu comunión con Dios que tan anhelosamente buscas.

—Paramahansa Yogananda, *citado de un Para-gram*

Eres tu propio enemigo y no lo sabes. No aprendes a sentarte en calma, a dedicarle tiempo a Dios. Eres impaciente y esperas alcanzar el cielo al instante. Pero no puedes obtenerlo leyendo libros, escuchando sermones o haciendo obras de caridad. Sólo puedes alcanzar a Dios dedicándole tu tiempo en la meditación profunda.—Paramahansa Yogananda, *La búsqueda eterna*

Olvida todos los sufrimientos del pasado y toma hoy la determinación de no pensar en ellos en el Año Nuevo. Con resolución y voluntad inquebrantables, renueva tu vida, tus buenos hábitos y tus éxitos. Si el año pasado fue desesperadamente desfavorable, el Año Nuevo ha de ser alentadoramente favorable.—Paramahansa Yogananda, *revista Self-Realization*

METAS E IDEALES

de

Self-Realization Fellowship

Según las estableció su fundador, Paramahansa Yogananda
Presidenta: Sri Daya Mata

Divulgar en todas las naciones el conocimiento de técnicas científicas definidas, mediante cuya aplicación el hombre puede alcanzar una experiencia personal y directa de Dios.

Enseñar a los hombres que el propósito de la vida humana consiste en expandir, a través del esfuerzo personal, nuestras limitadas conciencias mortales, hasta que éstas lleguen a identificarse con la Conciencia Divina. Establecer con este objetivo templos de *Self-Realization Fellowship* en todo el mundo, destinados a la comunión con Dios y a estimular a los hombres a erigir templos individuales al Señor, tanto en sus hogares como en sus propios corazones.

Revelar la completa armonía, la unidad básica existente entre las enseñanzas del cristianismo y las del yoga, tal como fueran expresadas originalmente por Jesucristo y por Bhagavan Krishna respectivamente; y demostrar que las verdades contenidas en dichas enseñanzas constituyen los fundamentos científicos comunes a toda religión verdadera.

Destacar la única carretera divina a la cual llegan con el tiempo las sendas de todas las creencias religiosas verdaderas: la gran vía de la práctica diaria de la meditación en Dios, práctica científica y devocional.

Liberar a la humanidad del triple sufrimiento que la agobia: las enfermedades físicas, las desarmonías mentales y la ignorancia espiritual.

Fomentar la práctica de la «simplicidad en el vivir y nobleza en el pensar»; y difundir un espíritu de confraternidad entre todos los pueblos, a través de la enseñanza del eterno principio que los une: su común filiación divina.

Demostrar la superioridad de la mente sobre el cuerpo y del alma sobre la mente.

Dominar el mal con el bien, el sufrimiento con el gozo, la crueldad con la bondad y la ignorancia con la sabiduría.

Armonizar la ciencia y la religión, a través de la comprensión de la unidad existente entre los principios básicos de ambas.

Promover el entendimiento cultural y espiritual entre Oriente y Occidente, estimulando el mutuo intercambio de las más nobles cualidades de ambos.

Servir a la humanidad, considerándola como nuestro propio Ser universal.

Obras de PARAMAHANSA YOGANANDA

*Estas publicaciones pueden adquirirse en diversas librerías o
solicitarse directamente a:*

SELF-REALIZATION FELLOWSHIP
3880 San Rafael Avenue • Los Angeles, CA 90065-3298, EE.UU.
Tel.: (323) 225-2471 • Fax: (323) 225-5088
www.yogananda-srf.org

Autobiografía de un yogui

Charlas y Ensayos:
Volumen I: La búsqueda eterna
Volumen II: El Amante Cósmico

Afirmaciones científicas para la curación

Cómo conversar con Dios

Donde brilla la luz:
Sabiduría e inspiración para afrontar los desafíos de la vida

En el santuario del alma:
Cómo orar para obtener la respuesta divina

La ciencia de la religión

La ley del éxito

La paz interior

Máximas de Paramahansa Yogananda

Meditaciones metafísicas

Susurros de la Madre Eterna

**GRABACIONES CON LA VOZ DE
PARAMAHANSA YOGANANDA**
(Sólo en inglés)

Awake in the Cosmic Dream
Be a Smile Millionaire
Beholding the One in All
Chants and Prayers
Follow the Path of Christ, Krishna and the Masters
Songs of My Heart
The Great Light of God
To Make Heaven On Earth

OBRAS DE OTROS AUTORES

La ciencia sagrada
por Swami Sri Yukteswar

El gozo que buscas está en tu interior
por Sri Daya Mata

En la quietud del corazón
por Sri Daya Mata

«Mejda»: la familia, niñez y juventud de Paramahansa Yogananda
por Sananda Lal Ghosh

Contamos con un catálogo de las publicaciones y grabaciones de audio y vídeo realizadas por Self-Realization Fellowship, el cual se encuentra a disposición de quienes lo soliciten.

FOLLETO INFORMATIVO GRATUITO

Las técnicas científicas de meditación que enseñó Paramahansa Yogananda, entre las cuales se incluye *Kriya Yoga*, se describen en las *Lecciones de Self-Realization Fellowship*. Si desea recibir mayor información al respecto, sírvase solicitar el folleto gratuito *Un mundo de posibilidades jamás soñadas*.